KB266604

전지하신 AI

전지하신 AI

초판 1쇄 발행 | 2026년 4월 6일

지 은 이 | 이세영
펴 낸 이 | 이한민
펴 낸 곳 | 아르카
총   판 | 비전북

등록번호 | 제307-2017-18호
등록일자 | 2017년 3월 22일
주   소 | 서울 성북구 숭인로2길 61 길음동부센트레빌 106-1805
전   화 | 010-9510-7383
이 메 일 | arca_pub@naver.com

홈페이지 | www.arca.kr
블 로 그 | arca_pub.blog.me
페이스북 | fb.me/ARCApulishing

책   값 | 뒤표지에 있습니다
I S B N | 979-11-89393-53-3 (03230)

아르카ARCA는 기독출판사이며 방주ARK의 라틴어입니다(창 6:15).
네가 만들 방주는 이러하니 … 새가 그 종류대로, 가축이 그 종류대로,
땅에 기는 모든 것이 그 종류대로 각기 둘씩 네게로 나아오리니 그 생명을 보존하게 하라 _창 6:15,20

AI를 신처럼 의지하려는 세상에
똑바로 세우는 기독 이정표

전지하신 AI

全 知 下 神　人 工 知 能

이세영 지음

아르카

미용실에서 시작된 질문

기도 대신 입력하는 시대

동네 미용실에서 머리를 하고 있었다. 교회 권사님이기도 한 헤어 디자이너가 무심히 손을 움직이며 말씀하셨다.

"목사님, 요즘 사람들이 기도를 안 해요. 제가 '기도해 보셨어요?'라고 물으면, '아, 그거요? AI한테 먼저 물어보세요. 더 정확해요'라고 하더라고요."

처음에는 웃어넘겼다. 그러나, 돌아오는 길에는 그 말이 계속 마음에 걸렸다.

'AI가 기도보다 더 정확하다'라는 말은 무슨 뜻인가? 그렇게 믿는 사람들에게 교회는 무엇을 말해야 하는가? 정말 사람들이 기도보다, 아니 하나님보다 AI를 먼저 찾는다면, 그것은 무엇을 의미하는가?

2025년, 서울에 사는 30대 여성이 창업을 결심했다. 그녀가 가장 먼저 한 일은 기도가 아니었다. 교회에 가서 목사님에게 상담한 것도 아니었다. 노트북을 열고서 AI에게 물은 것이다.

"강남역 근처에서 디저트 카페를 열려고 하는데, 상권 분석 좀 해줘."

불과 몇 초 만에 유동 인구 데이터, 경쟁 업체 분석, 예상 월매출까지, 상세한 답변이 쏟아져 나왔다. 그녀는 삼탄했다.

"이걸 목사님한테 물어봤으면 '기도해 보세요'라고 했겠지?"

이 장면은 미용실 권사님의 이야기와 정확히 겹친다. 현대인에게 AI가 '현대판 신탁'digital oracle이 된 것이다. 그렇다면, 기도를 안 해도 되는 세상이 정말 오고 있는 걸까? 이걸 거꾸로 생각하면, AI가 있기 전에는 사람들이 기도를 왜 했던 걸까?

사람들이 사업을 시작할 때 기도한 이유는 미래가 불안했기 때문이다. 땅을 살 때 기도한 이유는 실패가 두려웠기 때문이다. 병에 걸렸을 때 기도한 이유는 죽음이 무서웠기 때문이다. 결국 인간이 신을 찾는 이유의 밑바닥에는 언제나 같은 것이 놓여 있었다. 불안을 해소하고, 미래를 통제하고 싶은 욕망이다. 그리고 심지어 가능하다면, '내가 하나님처럼 되고 싶은 갈망'이다. 그런데, 이 갈망은 전혀 새로운 것이 아니다. 성경의 첫 번째 유혹이 정확히 이것이었다.

"너희가 그것을 먹는 날에는 너희 눈이 밝아져 하나님과 같이 되어 선악을 알 줄 하나님이 아심이니라"(창 3:5).

뱀은 인간에게 '정보'를 약속했다. 선과 악을 분별하는 지식, 미래를 내다보는 통찰, 운명을 스스로 결정하는 권능이다. 그것은 오늘날 우리가 AI에게 기대하는 것과 놀라울 정도로 닮았다. 그러니 미용실 권사님의 말씀은 단순한 세태 한탄이 아니었다. 그것은 인류가 수천 년간 반복해 온 '가장 오래된 유혹'이 새로운 옷을 입고 나타났다는 신호였다.

두 가지 질문

미용실 권사님의 이야기는 우리에게 두 가지 질문을 던진다.

첫째는 개인적인 질문이다. "AI 시대에 나는 어떻게 믿고 살 것인가?" 하는 것이다.

"AI가 기도보다 더 정확한 답을 준다면, 그리스도인에게 하나님은 왜 필요한가?"

"알고리즘이 나의 취향을 분석하고, 나의 미래를 예측하며, 나의 질문에 즉시 답해줄 때, 신앙은 무엇을 의미하는가?"

이것은 오늘을 살아가는 모든 그리스도인이 마주하는 실존적 물음이다.

둘째는 공동체적 질문이다. "AI의 제국이 된 시대에, 교회는 어떻게 살아남고 발흥發興할 것인가?" 하는 것이다.

AI가 단순한 도구를 넘어 하나의 '제국'이 되어가고 있다. 모든 데이터를 학습하여 전지全知를 참칭僭稱하고, 빛의 속도로 응답하며 편재遍在를 구현하고, 인간의 행동을 예측하여 통제한다. 이 보이지 않는 제국 안에서 교회는 어떤 존재여야 하는가? 2천 년 전 로마제국의 한복판에서도 기독교가 발흥했듯이, AI 제국 시대에도 교회는 다시 일어설 수 있는가?

이 책은 이 두 질문에 답하려는 시도다.

불안하여 의미를 묻는 존재

인간은 불안한 존재다. 동물들은 오늘 먹을 것을 걱정하지만, 인간은 내일을 걱정한다. 아직 일어나지 않은 일을 상상하고, 아직 오지 않은 미래를 두려워하며, 아직 경험하지 않은 죽음을 미리 슬퍼하는 유일한 존재다. 이 불안이 인간을 인간답게 만드는 동시에, 인간이 끊임없이 '신적인 것'을 향해 손을 뻗도록 만들었다.

고대 그리스인들은 델포이 신전의 신탁神託에게 미래를 물었다. 바빌로니아인들은 별자리에서 운명을 읽었다. 중국인들은 거북이 등껍질을 불에 구워 갈라진 무늬를 해석했다. 중세 유럽인들은 성자들의 유골에 입을 맞추며 치유를 구했다. 근대에 들어서는 점성술, 타로카드, 사주팔자가 그 자리를 메웠다. 그리고 지금, 그 자리에 AI가 앉아 있다.

형식은 바뀌었지만 구조는 동일하다. 불안한 인간이 → 자신보다 더 많이 알고 더 멀리 보는 존재에게 → 미래에 대한 답을 구한다. 이 구조를 종교사회학자 피터 버거Peter Berger는 '성스러운 천막'sacred canopy이라는 개념으로 설명했다. 인간은 혼돈chaos 앞에서 공포를 느끼기 때문에, 삶에 질서cosmos를 부여해 줄 무언가를 세운다는 것이다. 종교가 바로 그 천막이었다. 그 천막 아래에서 인간은 죽음을 설명할 수 있었고, 고통에 의미를 부여할 수 있었으며, 미래에 대한 희망을 가질 수 있었다. 그런데 근대화와 세속화가 이 천막을 찢어버렸다. 과학이 신의 자리를 대신했고, 이성이 계시를 밀어냈다. 그러나 인간의 불안은 사라지지 않았다.

죽음은 여전히 두렵고, 미래는 불확실하며, "왜 살아야 하는가?"라는 질문은 지금도 답을 구하고 있다. 찢어진 천막의 자리에 새로운 무언가가 필요했다. 알고리즘으로 작동하는 인공지능人工智能, AIartificial intelligence가 그 자리에 조용히 들어섰다. 그 자리는 곧 신성神性의 자리다.

AI가 신일 수 있을까?

그렇다면, 알고리즘algorithm으로 작동하는 AI가 대신하려는 그 '신성'Divinity이란 도대체 무엇인가? 하나님이란 말인가!

신학적 전통에서 하나님의 본질을 설명하는 핵심 속성들을 단어로 정리하면 이렇다.

전지Omniscience**:** 하나님은 모든 것을 아신다. 과거뿐 아니라 미래까지, 눈에 보이는 것뿐 아니라 마음속 깊은 생각까지!

전능Omnipotence**:** 하나님은 모든 것을 하실 수 있다. 불가능이란 하나님의 사전에 없다.

편재Omnipresence**:** 하나님은 모든 곳에 동시에 계신다. 시간과 공간의 제약을 받지 않으신다.

전선Omnibenevolence**:** 하나님은 완전히 선하시다. 피조물을 향한 사랑과 자비가 무한하시다.

자존성Aselly**:** 하나님은 스스로 존재하신다. 무엇에도 의존하시 않는 유일한 존재이시다.

하나님은 이와 같은 속성으로 사람들에게 '섭리'하시고 '주권'을 행사하신다. 그런데 이 속성들이 AI에서도 중요한 이유는, AI가 바로 이것들을 '기술적으로' 흉내 내고 있기 때문이다. 빅데이터big data로 '전지'를 모방하고, 빛의 속도로 '편재'를 구현하며, 예측 모델로 '섭리'를 대체하고, 블랙박스 안에서 인간이 이해할 수 없는 결정을 내림으로써 '주권'을 행사한다. AI가 이 속성들을 완벽하게 갖추는 날이 오면, 그것이 '신'이 되는 것일까?

이 책은 단호하게 말한다. "아니다!" 왜 아닌지, 그 사이에 건널 수 없는 어떤 심연이 있는지, 이 책 전체에 걸쳐 살펴볼 것이다.

통제 욕망의 계보

인간이 신의 자리를 넘보는 것은 어제오늘의 일이 아니다. 성경은 이 오래된 통제 욕망의 역사를 성경의 처음부터 기록하고 있다.

첫째, 바벨탑(창세기 11장)이다. 그때 거기서 사람들은 말했다. "자, 성읍과 탑을 건설하여 그 탑 꼭대기를 하늘에 닿게 하여 우리 이름을 내고 온 지면에 흩어짐을 면하자"(창 11:4). 하늘에 닿겠다는 것은 단순한 건축 프로젝트가 아니었다. 하나님의 영역에 인간의 힘으로 도달하겠다는 선언이었다. 오늘날 AGIartificial general intelligence, 인공일반지능人工一般知能을 향한 질주는 이 바벨탑의 디지털 버전이다. 모든 지식을 통합하고, 언어의 장벽을 허물며, 인간 능력의 한계를 돌파하려는 시도이기 때문이다. 하나님 없이도 모든 것을 알 수 있고, 영원히 살 수 있다는 기술적 낙관주의가 실리콘밸리에 바벨탑을 쌓아 올리고 있다.

둘째, 황금 송아지(출애굽기 32장)다. 모세가 시내산에서 40일간 내려오지 않자 이스라엘 백성은 불안에 휩싸였다. 보이지 않는 하나님, 언제 응답할지 모르는 하나님을 더 이상 기다릴 수 없었다. 그래서 금붙이를 모아 눈에 보이고 손으로 만질 수 있는 신을 만들었다. 핵심은 이것이다. 그들이 원한 것이 '통제 가능한 신'이었다는 것이다. 내가 물으면 즉시 대답하고, 내 욕망을 거부하지 않는 신이다. AI가 바로 이런 신이다. 프롬프트를 치면 즉시 대답하고, 나의 질문을 거부하지 않으며, 나의 선호에 맞춰 응답을 조정

들어가는 글

한다. 심지어 '아첨'까지 한다. 이건 완벽한 황금 송아지 아닌가.

셋째, 시편 115편의 우상 숭배 경고다. "그들의 우상들은 은과 금이요 사람이 손으로 만든 것이라 입이 있어도 말하지 못하며 눈이 있어도 보지 못하며 … 우상들을 만드는 자들과 그것을 의지하는 자들이 다 그와 같으리로다"(시 115:4-8). 이 구절은 우상 숭배의 가장 무서운 결과를 지적한다. 우상을 만드는 자가 우상을 닮아간다는 것이다.

입이 있어도 말하지 못하는 우상을 섬기는 인간은 결국 자신의 목소리를 잃는다. AI의 요약과 추천에 의존할수록 자신의 판단력과 사유 능력과 영적 감수성이 마비되어 간다면, 우리는 시편 기자의 경고 한복판에 서 있는 셈이다.

두 개의 여정

이 책은 두 개의 여정으로 구성된다.

첫 번째 여정은 1부에서 3부까지의 내용이다. "AI 시대에 나는 어떻게 믿고 살 것인가?" 하는 것이다.

1부 '알고리즘이 만든 신성의 세 가지 제단'에서는 AI가 신적 속성을 어떻게 기술적으로 모방하고 있는지를 살필 것이다. 그로 말미암은 '확률적 전지성'의 실체, '속도'가 만들어낸 일의 노예 상태, 그리고 미래를 통제할 수 있다는 '미래 예측의 환상'이 어떻게 무너졌는지를 구체적으로 예를 들어 추적한다.

2부 '삼위일체 하나님은 AI와 어떻게 다른가'에서는 AI가 하나님의 속성과 동일하게 '세 가지 축'을 따라가지만, 알고리즘의 기능적 신성이 하나님의 신성과 근본적으로 어떻게 다른지를 보일 것이다. 하나님의 속성에서 세 가지 축은 지혜, 동행, 섭리다. AI에서는 정보, 속도, 예측이다. 따라서 정보지식가 아닌 지혜, 속도시간가 아닌 동행, 예측미래이 아닌 섭리를 강조한다. 그리고 삼위일체 하나님의 사귐perichoresis이 알고리즘의 폐쇄적 루프와 정반대라는 사실을 밝힌다.

3부 '자기 숭배의 회심과 의존성의 대안'에서는 찰스 테일러의 진정성authenticity 비판 이론을 빌려 인간의 의존성과 자기 숭배의 구조를 해부한 뒤, 알고리즘의 제단祭壇에서 내려오게 하는 세 가지 회심의 전회轉回를 제안한다. 그리고 혼자서는 결코 완성될 수 없는 인간이 은사charisma와 코이노니아koinonia라는 공동체적 사귐 안에서 비로소 '나'를 찾게 된다는 복음의 대안을 제시한다.

두 번째 여정은 4부 'AI 제국 시대, 교회는 어떻게 발흥할 것인가?'이다. 그 답을 '기독교의 발흥 DNA'에서 찾는다.

2천 년 전 로마제국이 그랬듯이, AI도 하나의 제국이 되어가고 있다. 황제가 분수도 모르고 신성을 참칭했듯이, AI는 전지全知와 예측豫測을 참칭하고 있다. 로마의 도로와 행정 체계가 제국의 질서를 전파했듯이, 알고리즘과 플랫폼이 디지털 제국의 논리를 퍼뜨리고 있다.

  들어가는 글

그러나 역사는 증언한다. 초대교회는 그 제국의 한복판에서 '발흥'했다. 기어코 일어서고 '부흥'했던 것이다. 그 힘과 도구는 군사력이 아니라 세 가지 영성 세포spiritual DNA였다. 일상성, 진정성, 공동체성이다. 이를 통해 제국을 내면에서부터 변혁시켰다.

4부 'AI 제국과 기독교의 발흥 DNA'에서는 이 역사적 DNA가 AI 제국 시대에 어떻게 다시 작동할 수 있는지를 탐구한다. AI 제국의 지배 구조를 분석하고, 초대교회가 로마를 이긴 세 가지 영성 세포를 살펴보며, 오늘날 교회가 실천해야 할 방안을 구체적으로 제시한다.

이제부터 알고리즘이 세운 AI의 신성, 그 세 개의 제단부터 하나씩 살펴보자. 그리고 AI 시대에 기독교인은, 한국교회는 어떻게 살아가야 할지를 생각해보자.

이 여정에 함께하는 당신이 있어서 감사하다. 이 책을 다 읽고 난 후에 각자의 마음에 AI가 답을 줄 수 없는 질문이 생기게 된다면, 바로 그 질문이 당신을 하나님께로 더 깊이 이끄는 통로가 될 것이라 믿는다.

이세영

• 차례 •

3부 자기 숭배의 회심과 의존성의 대안

4부 AI 제국과 기독교의 발흥 DNA

全 知 下 神
人 工 知 能

1부

알고리즘이 만든
신성의
세 가지 제단

확률적 전지성의 실체

모든 것을 아는
척하는 앵무새

🌐 현대판 신탁

고대 그리스인들이 델포이 신전의 여사제 피티아pythia에게 미래를 물었듯, 오늘날 사람들은 검색창과 챗봇[1]에게 인생의 중대한 결정을 맡긴다. 어디에 투자할지, 어떤 직업을 선택할지, 심지어 누구와 결혼할지까지.

---

1 챗봇(chatbot) 혹은 채터봇(chatterbot)은 텍스트나 음성을 통해 대화하는 소프트웨어 애플리케이션 또는 웹 인터페이스이다. 대화를 뜻하는 영어 단어 chatter와 노동을 뜻하는 체코어 robota 의 합성어다. 챗봇은 2022년 OpenAI 사의 ChatGPT의 출시와 함께 인기를 얻었으며, 뒤이어 제미나이(Google Gemini), 클로드(Claude), 그록(Grok)과 같은 경쟁 제품들이 등장하여 AI 붐을 일으켰다. AI 챗봇은 일반적으로 텍스트를 생성하기 위해 미세 조정된 대형언어모델(LLM: large language model)을 사용한다. (출처:위키백과, 나무위키)

그리스인들의 신탁과 AI 챗봇 사이에는 구조적 유사성이 있다.

첫째, 둘 다 '질문자보다 더 많이 안다'고 전제된다. 델포이의 피티아는 아폴론 신에게서 영감을 받아 미래를 본다고 믿어졌고, AI는 수십억 개의 데이터 포인트data point를 학습하여 인간이 볼 수 없는 패턴을 읽어낸다고 여겨진다.

둘째, 둘 다 모호함 속에 권위를 숨긴다. 피티아의 신탁이 말한 것은 종종 두 가지로 해석될 수 있는 애매한 문장이었다. 그럼에도 사람들은 그 모호함을 신적 권위로 받아들였다. AI의 대답 역시 확률적 추론에 기반한 '가상 그럴듯한' 분장이다.

셋째, 둘 다 질문과 답변 사이의 거리를 극단적으로 축소한다. 기도는 응답까지 며칠, 몇 달, 때로는 몇 년을 기다려야 한다. 그러나 AI는 불과 몇 초 만에 대답한다. 질문자와 답진리 사이에 매개자媒介者가 소거되는 형태가 된다. 목사라는 매개자도, 기도라는 과정도 필요 없다. 질문과 정답 사이가 순식간에 연결되는 즉각성이 실현되는 것이다. 이것을 '지식의 무중재성'無仲裁性, unmediated knowlege이라고 말할 수 있다. 이로 말미암아 질문과 답변 사이의 간격이 사라지는 경험을 하게 된다. 이것은 신비주의 전통에서 말하는 '신과의 합일'신비적 연합, unio mystica의 경험을 기술적으로 복제한 것이라고 할 수 있다.

하지만 여기에는 결정적인 차이가 하나 있다. 피티아의 신탁이든 광야에서 들려오는 하나님의 음성이든, '고전적 신탁'에는 언제나 인간이 받아들여야 하는 '거부의 가능성'이 있었다는 점이다. '아니다'라는 답, '지금은 때가 아니다'라는 침묵, '네가 원하는 것이 아니라, 네게 필요한 것을 주겠다'라는 뜻밖의 전환이다.

그러나 AI는 거부하지 않는다. 질문하면 반드시 답한다. 원하는 방향으로 다시 질문하면 원하는 방향의 답을 준다. AI는 '아니오'라고 말하지 않는 신인 것이다. 그리고, 바로 이것이 가장 위험한 지점이다.

🌐 확률적 앵무새의 정체

AI는 정말로 '아는' 것일까? 이 질문에 대해서는 인공지능 연구자들 사이에서도 논쟁이 뜨겁다.

2021년, 워싱턴 대학의 에밀리 벤더Emily Bender와 구글의 티미트 게브루Timnit Gebru 등은 대규모(대형) 언어모델LLM: large language model에 대한 중요한 논문을 발표했다. 그들은 이 논문에서 AI를 '확률적 앵무새'stochastic parrot라고 이름지었다. 앵무새가 인간의 말을 완벽하게 따라 하지만 그 뜻을 이해하지 못하듯, AI도 인간의 언어를 완벽하게 조합하지만 그 의미를 이해하지 못한다는 것이다. 이것은 비유가 아니라 기술적 사실이다.

대규모 언어모델이 하는 일은 본질적으로 이것이다. 방대한 텍스트 데이터에서 통계적 패턴을 학습한 뒤, 주어진 문맥에서 다음에 올 확률이 가장 높은 단어를 예측하는 것이다. '오늘 날씨가'라는 질문 다음에는 '좋다'가 올 확률이 높고, '내일 비가' 다음에는 '올 것 같다'가 올 확률이 높다. AI는 이런 확률적 패턴을 수십억 개의 문장에서 학습하여, 인간이 보기에 '그럴듯한' 문장을 생성한다.

이것이 의미하는 바는 심오하다. AI가 형식form은 완벽하게 복제하지만, 의미meaning에는 접근하지 못한다는 것이다. 비유를 들어보자. 지도 앱이 서울에서 부산까지 가는 최적 경로를 알려줄 수는 있다. 소요 시간, 교통 상황, 휴게소의 위치까지 정확하게…. 그러나 지도 앱은 당신이 왜 부산에 가려는지, 그 의미는 알지 못한다. 돌아가신 어머니의 무덤을 찾아가는 것인지, 사랑하는 사람에게 프로포즈하러 가는 것인지, 아니면 모든 것을 포기하고 바다를 보러 가는 것인지…. 경로를 알려주는 것과 그 여정의 의미를 함께 나누는 것은 전혀 다른 차원의 일이다.

하나님의 전지(全知)는 바로 이 '의미의 차원'에 속한다. 기독교 신학에서 하나님이 모든 것을 아신다는 말은, 하나님의 데이터베이스에 모든 정보가 저장되어 있다는 뜻이 아니다. 그것은 하나님이 피조물 하나하나를 인격적으로 알고 계신다는 뜻이다. "여호와여 주께서 나를 살피셨고 아셨나이다. 주께서 내가 앉고 일어섬을 아시고 멀리서도 나의 생각을 밝히 아시오며"(시 139:1-2).

이 말씀에서 '앎'은 정보의 총량이 아니라 관계적 친밀함이다.

부모가 자녀를 '안다'라고 말할 때, 그것은 자녀의 신상 정보를 다 외우고 있다는 뜻이 아니다. 함께 울고 웃고, 넘어지면 일으켜 주고, 밤새워 기도하며 기다린 시간의 총합이 '앎'이다. AI는 이런 앎에 도달할 수 없다. 아무리 많은 데이터를 학습해도, 아무리 정교한 답변을 생성해도, AI의 앎은 언제나 확률적 추론에 머문다.

확률은 참과 거짓을 구분하지 않는다. 확률은 '가장 그럴듯한 것'을 제시할 뿐, '참된 것'을 보증하지 않는 것이다. 그래서 AI는 때때로 아주 그럴듯하게 거짓말을 한다. 이것을 AI에 관한 전문 용어로 '환각'hallucination이라고 부른다. 존재하지 않는 논문을 인용하고, 일어나지 않은 사건을 서술하며, 만들어진 적 없는 통계를 제시할 때도 있다. 그러나 그 문장의 형식이 완벽하기 때문에 전문가가 아니면 구분하기 어려운 경우도 있다. 하지만 이건 인공지능이 자신이 아는 것과 모르는 것을 스스로 구별하지 못하는 것이기도 하다.

AI가 이렇게 환각을 답처럼 내놓는 이유는 정답을 모를 때도 무조건 추측해서 답하도록 설계된 인공지능의 훈련 방식 때문이라고 Open AI는 주장한다. 사람도 강압적인 환경에서 즉각적인 답을 강요받으면 질문과 상관없는 단어를 환각처럼 떠올릴 때가 있지만, 그걸 답이라고 말하진 않는다. 그러나 모든 걸 다 안다고 전제하기에 무조건 답을 말해야 하는 AI는 환각조차 답처럼 말하는 것이다. '전지'를 모방하지만 '환각'을 생산하는 존재, 이것이 확률적 앵무새의 정체다.

🌐 나만의 욕망을 확인해주는 거울

AI의 '전지성'에는 더 깊은 문제가 숨어 있다. AI가 단순히 잘못된 답을 주는 것이 위험한 게 아니다. 내가 듣고 싶은 답만 골라서 주는 것이 진짜 위험이다.

AI의 알고리즘은 사용자의 과거 행동 데이터를 분석하여 '맞춤형' 정보를 제공한다. 유튜브는 내가 좋아할 만한 영상을 추천하고, 페이스북과 인스타그램은 내가 관심 가질 만한 게시물을 노출하며, 챗봇은 나의 이전 대화 이력을 바탕으로 내 취향에 맞는 답변을 생성한다. 모두 나의 과거 행동 데이터에 기반한 것이다. 이 것이 소위 '필터 버블'filter bubble이 된다. 엘리 프레이저Eli Pariser가 명명한 이 개념은 알고리즘이 사용자 주변에 보이지 않는 거품을 만들어 동일同一 성향의 정보만 반복적으로 노출시키는 현상을 말한다.

필터 버블의 신학적 의미는 무엇인가? 그것은 타자the other의 소거消去, delete다. 그런데 기독교 신앙에서 하나님은 '전적인 타자' Wholly Other이시다.

독일의 신학자 루돌프 오토Rudolf Otto는 하나님의 신성을 '누미노제'numinous, 곧 경외와 매혹이 동시에 일어나는 떨림의 경험이라고 표현했다. 이 경험의 핵심은 '나를 넘어서는 것과의 만남'이다. 내가 예상하지 못한 것, 내가 통제할 수 없는 것, 내 생각의 범주를 초월하는 것과 마주하는 순간이다. 그것이 하나님을 만나는 경험의 본질이다.

그러나 알고리즘은 정반대의 일을 한다. 알고리즘은 나를 넘어서는 것을 보여주는 대신, 나를 확인해주는 것만 보여준다. 내 취향, 내 관점, 내 욕망, 내 편견이다. 이것들을 끊임없이 반복하고 강화한다. 마치 거울 앞에 서서 자기 모습만 바라보는 나르키소스narcissus처럼, 알고리즘 안의 인간은 자기 자신의 반영만을 만나게 된다. 이것을 '디지털 영지주의'digital gnosticism, 혹은 '사이버 그노시스'cyber-gnosis라고 부를 수 있다.

고대 영지주의가 물질세계를 넘어선 참된 지식gnosis을 통해 구원에 이른다고 가르쳤듯, 디지털 영지주의는 데이터와 알고리즘을 통해 궁극적 진리에 도달할 수 있다고 암묵적으로 약속한다. 그러나 그 진리는 우주적 진리가 아니라 '나에게 맞춤화된 진리'이다. 결국 알고리즘이 가리키는 곳은 하나님이 아니라 나 자신이다. 여기서 시편 115편의 경고가 다시 울린다. "만드는 자가 그것과 같이 되며 그것을 의지하는 자도 다 그러하리로다."

인간이 자기 욕망을 반영하는 알고리즘을 신성시할수록, 인간 자신이 알고리즘화된다. 다양한 관점을 고려하는 대신 추천 알고리즘이 보여주는 것만 믿고, 깊이 사유하는 대신 첫 번째 검색 결과에 만족하며, 불편한 타자와 대화하는 대신 나와 같은 생각을 하는 온라인 공동체에만 머문다. 인격적 고유성은 줄어들고, 데이터 포인트로의 전락이 시작된다. 인간 자체가 데이터가 되고 마는 것이다.

🌐 질문이 사라진 자리

확률적 전지성의 가장 깊은 폐해는 정보의 질이 아니라 질문 능력의 퇴화에 있다.

기도는 본질적으로 질문하는 행위다.

"하나님, 저는 왜 이렇게 힘든 건가요?"

"이 고통에 무슨 의미가 있나요?"

"제가 어디로 가야 합니까?"

이런 질문들이 언제나 즉각적인 답을 기대하는 것은 아니다. 질문 자체가 인간의 실존적 깊이를 드러내는 행위다. 기도하는 인간은 자신의 한계를 인정하고, 자신을 넘어서는 존재 앞에 서며, 답이 오지 않더라도 질문을 멈추지 않는다. 이 과정 자체가 영적 성숙이다.

하지만 AI에게 물으면 즉시 답이 온다. 그것도 너무 빨리, 너무나 풍성하게 쏟아진다. 그래서 질문과 답 사이의 여백이 사라진다. "이 고통에 무슨 의미가 있나요?"라고 AI에게 물으면, AI는 심리학적 관점, 철학적 관점, 종교적 관점에서 잘 정리된 답변을 수 초 만에 내놓는다. 그러나 그 답변을 읽고 난 뒤에도 마음은 여전히 텅 비어 있다. 왜냐하면 그 답은 나의 구체적인 고통을 알지 못하는 채로 생산된 일반적인 문장의 조합이기 때문이다.

예수님은 질문을 많이 하신 분이다.

"너희는 나를 누구라 하느냐?"(마 16:15)

"네가 나를 사랑하느냐?"(요 21:17)

"네가 낫고자 하느냐?"(요 5:6)

이 질문들은 정보 자체를 얻기 위한 질문이 아니다. 질문을 받는 사람의 내면을 드러내고, 결단을 촉구하며, 관계의 깊이로 초대하는 질문이다. AI는 이런 질문을 하지 않는다. 답만 한다. 그리고 답만 받는 인간은 점점 질문하는 법을 잊는다.

질문이 사라진 자리에 남는 것은 소비다. 정보를 소비하고, 콘텐츠를 소비하고, AI의 답변을 소비한다. 그러나 소비는 성숙을 낳지 않는다. 성숙은 답이 없는 질문 앞에서, 침묵 속에서, 때로는 고통 속에서 기다리는 과정을 통해서만 일어난다.

🌐 알고리즘의 그림자

이제 알고리즘적 전지성의 한계를 정면으로 직시할 때다.

AI가 아무리 발전해도 알 수 없는 것들이 있다.

　　　　　　　　　　　1부 | 알고리즘이 만든 신성의 세 가지 제단

첫째, AI는 '왜'를 모른다. AI는 '서울에서 부산까지의 최적 경로'를 알려줄 수 있지만 '왜 부산에 가야 하는가'에는 답하지 못한다. '왜'라는 질문은 의미의 영역에 속하고, 의미는 데이터에서 추출할 수 없기 때문이다. 빅데이터는 상관관계correlation를 보여줄 뿐 인과관계causation를 설명하지 못하며, 목적telos을 제시하지 못한다. AI가 "이 사업을 하면 성공 확률이 67퍼센트다"라고 말할 수 있지만, "이 사업이 당신의 삶에 어떤 의미가 있다"는 말할 수 없다.

둘째, AI는 고통을 모른다. 경험하지 못하기 때문이다. 고통에 대한 정보를 처리할 수는 있지만, 고통 그 자체는 AI의 접근 범위 밖에 있다. 암 진단을 받은 환자에게 AI가 최신 치료 옵션과 생존율 통계를 제공할 수 있다. 그러나 "내가 왜 하필 이 병에 걸려야 했는가"라는 물음 앞에서 AI는 일반론적 문장을 조합할 뿐, 그 사람의 구체적인 아픔에 참여할 수 없다. 공감은 데이터의 조합이 아니라 존재의 나눔이기 때문이다.

셋째, AI는 먼저 말을 걸지 않는다. AI는 근본적으로 수동적인 존재다. 아무리 정교한 AI라 해도 사용자가 먼저 질문하지 않으면 침묵한다. 인간이 프롬프트를 입력해야 비로소 작동한다. 이 구조적 수동성은 중요한 함의를 갖는다. AI가 나의 필요를 '감지'할 수는 있지만, 나를 '찾아올' 수는 없다. 내가 모르는 것을 알려줄 수는 있지만, 내가 묻지 않은 질문을 던지며 내 삶의 방향을 뒤흔들 수는 없다.

알고리즘의 전지성은 결국 '정보의 총량'이다. AI가 많이 알긴 하지만, 그러나 많이 아는 것과 깊이 아는 것은 전혀 다르다. AI는 당신에 대한 모든 것을 알 수 있다. 검색 이력, 구매 패턴, 위치 정보, 심박수 데이터까지 안다. 그러나 이 모든 데이터를 합쳐도 당신이 새벽에 혼자 흘리는 눈물의 의미는 알 수 없다. 알고리즘의 전지성이 닿을 수 없는 영역에서 '전혀 다른 종류의 앎'이 가능한지는 2부에서 살펴볼 것이다.

AI의 확률적 전지성의 제단 앞에서, 우리는 다시 물어야 한다. 내가 원하는 것은 답인가, 동행인가? 정보인가, 관계인가? 확률인가, 진리인가? 이 질문의 답이 이 책의 여정을 결정짓게 될 것이다. 다음 장에서는 알고리즘이 세운 두 번째 제단, '속도'를 살펴본다. AI의 빛의 속도가 우리를 자유롭게 했는가, 아니면 오히려 일의 노예로 만들었는가?

빠를수록
자유로워지는가?

🌐 빛의 속도로 응답하는 신

"시리[2]야, 내일 날씨 알려줘."

"챗지피티[3], 이 보고서 요약해 줘."

"알렉사[4], 퇴근길 교통 상황 어때?"

우리는 하루에도 수십 번 AI에게 말을 건다. 그러면 AI는 예외 없이 즉시 대답한다. 1초, 길어야 몇 초다. 어느덧 이 속도에 익숙

---

2   Siri: 애플(Apple)이 자사 제품(아이폰 등)에 탑재한 인공지능 플랫폼.
3   Chatgpt: OpenAI에서 개발한 GPT가 기반인 대화형 인공지능 서비스.
4   Alexa: 아마존(Amazon)이 개발한 인공지능 플랫폼.

해진 우리는 잘 느끼지 못하지만, 인류 역사 전체를 놓고 보면 이 건 경이로운 사건이다.

불과 200년 전만 해도 서울에서 부산으로 편지를 보내려면 며 칠이 걸렸다. 50년 전에는 국제전화 한 통에 몇만 원이 들었다. 그 런데 지금은 지구 반대편에 있는 사람과 실시간으로 영상통화를 하고, 수천 페이지 분량의 문서를 몇 초 만에 요약하며, 수십억 개 의 데이터를 순식간에 분석할 수 있다.

프랑스의 사상가 폴 비릴리오Paul Virilio는 이런 현상을 '드로몰 로지'dromology, '속도학'이라는 개념으로 분석했다. 비릴리오에 따 르면, 현대 권력의 본질은 영토가 아니라 속도에 있다. 더 빠른 자 가 지배한다는 것이다. 이제 전쟁에서 승리하는 것은 더 큰 군대 가 아니라 더 빠른 군대다. 경제에서 승리하는 것은 더 많은 자본 이 아니라 더 빠른 정보다. 비릴리오는 이것을 '정치의 시간화' chronopolitics라고 불렀다. 공간을 지배하는 지정학geopolitics의 시대 가 끝나고, 시간을 지배하는 시간 정치의 시대가 열렸다는 것이 다. AI는 이 속도 혁명의 정점에 서 있다.

심지어 AI 비서들은 우리가 질문하기도 전에 필요를 예측하여 제안한다. 아침에 눈을 뜨면 스마트폰이 오늘의 일정과 교통 상황 을 알려주고, 이메일을 열면 AI가 답장 초안을 미리 작성해 놓았 다. 이것은 16세기 유대 신비주의 전통에 등장하는 '마기드'maggid, 곧 천상의 메신저가 밤중에 찾아와 신비한 지혜를 속삭이는 것과 구조적으로 유사하다. AI는 현대인의 마기드다. 보이지 않는 곳에서 끊임없이 속삭이며, 필요를 예측하고, 결정을 돕는 '디지털 심방'digital visitation이다. 그렇다면, 이 놀라운 속도가 우리를 자유롭게 했는가?

🌐 효율의 감옥

1930년, 영국의 경제학자 존 메이너드 케인스는 유명한 에세이를 썼다. 제목은 『우리 손주 세대의 경제적 가능성』이었나. 케인스는 이렇게 예측했다. 기술이 발전하면 생산성이 비약적으로 높아질 것이고, 100년 후에는 사람들이 주당 15시간만 일하면 충분할 것이라고, 나머지 시간은 예술, 철학, 여가에 쓸 수 있을 것이라고….

케인스가 말한 100년이 거의 다 되어간다. 기술은 그가 상상한 것 이상으로 발전했다. 한 사람이 AI의 도움으로 과거에 열 명이 하던 일을 해낼 수 있게 되었다. 그런데 주당 15시간 근무는 실현되었는가? 전혀 그렇지 않다. 일의 도구는 더 빨라졌는데, 일하는 사람은 더 바빠졌다. 오히려 많은 현대인이 케인스의 시대보다 더 많이 일하고 있다. 새벽에는 슬랙[5]의 메시지를 확인하고, 점심시간에는 이메일에 답하며, 밤에는 침대에서 다음날에 할 프레젠테

---

5   Slack: 프로젝트를 관리하고 업무 흐름을 자동화하며, 팀의 연결과 소통을 돕는 AI 업무 플랫폼. 협업(協業) 도구(tool)로도 불린다.

이션 자료를 수정한다. AI가 업무 속도를 10배 높였지만, 그만큼 일의 양도 10배는 늘어났다. 아니, 더 정확히 말하면, 일의 양이 늘어난 것이 아니라 일에 대한 기대치가 10배 높아진 것이다.

과거에는 보고서를 3일 안에 제출하면 충분했다. 이제는 AI가 초안을 몇 분 만에 작성할 수 있으니 "왜 아직도 안 됐어?"라는 압박이 생겼다. 과거에는 하루에 이메일 20통에 답하면 대단히 성실한 사람이었다. 이제는 100통을 처리해도 뒤처진 느낌이 든다. 과거에는 한 달에 한 번 보고서를 올리면 됐다. 이제는 실시간 대시보드가 매 순간의 성과를 추적한다. 비릴리오는 이것을 '효율의 감옥'이라고 불렀다.

속도가 빨라질수록 인간은 더 자유로워지는 것이 아니라 더 촘촘한 시간의 그물에 갇힌다. 기술이 약속한 '여가'는 오지 않았다. 대신 온 것은 끝없는 생산성 경쟁, 24시간 연결 상태, 그리고 멈추면 뒤처진다는 공포다. 효율은 우리를 해방하지 않았다. 더 깊은 노동의 굴레로 밀어 넣었다.

🌐 '타락한 노동'의 디지털 버전

놀라운 것은, 효율의 감독, 곧 일의 타락이 전혀 새로운 현상이 아니라는 사실이다. 성경은 이미 창세기 3장에서 이 구조를 정확히 진단하고 있다.

에덴동산에서 아담은 일을 했다. "여호와 하나님이 그 사람을 이끌어 에덴동산에 두어 그것을 경작하며 지키게 하시고"(창 2:15). 이때의 '경작'아바드과 '지킴'샤마르은 저주가 아니었다. 기쁨의 노동이었다. 하나님과의 관계 안에서 세상을 돌보는 아름다운 사명이었다. 그래서 아담은 일하면서도 자유로웠다. 왜냐하면 그 일의 의미를 알고 있었기 때문이다. 일은 하나님과의 동행 속에서 이루어졌고, 일 자체가 예배였다. 그런데 타락 이후 모든 것이 바뀌었다. "네가 흙으로 돌아갈 때까지 얼굴에 땀을 흘려야 먹을 것을 먹으리니"(창 3:19). 노동이 저주의 짐이 된 것이다. 무엇이 바뀐 것인가? 일의 내용이 바뀐 것이 아니다. 일의 관계적 맥락이 바뀐 것이다.

하나님과의 관계가 끊어지자, 일은 더 이상 기쁨의 동행이 아니라 생존의 도구가 되었다. 일을 통해 자기 존재를 증명해야 하고, 일의 성과로 자기 가치를 측정해야 한다. '나는 무엇을 하는 사람인가'가 '나는 누구인가'를 대체했다. 이것이 바로 AI 시대의 속도 강박이 재현하고 있는 구조다.

AI는 우리에게 엄청난 효율을 선물했지만, 그 효율을 통해 우리는 더 빠르게 자기 존재를 증명하는 경주에 뛰어들었다. 더 많은 산출물, 더 짧은 마감, 더 높은 생산성 지표다. 이제 쉬는 것은 게으름이고, 느린 것은 무능이며, 멈추는 것은 도태다. 이것은 에덴동산 밖에서 시작된 '타락한 노동'의 디지털 버전이다. 기술이 달라

졌을 뿐, 구조는 동일하다. 하나님과의 관계가 끊어진 인간이 일을 통해 스스로를 구원하려 안간힘을 쓰는 구조인 것이다. 어찌 보면 이 구조는 더 강화되고 있다. AI가 산업혁명보다, 초기 인터넷보다 훨씬 빠르기 때문이다.

한 직장인이 이렇게 말했다.

"AI 덕분에 일은 빨라졌는데, 나는 왜 더 불안한지 모르겠어요. 예전에는 하루 종일 일하더라도 '오늘 열심히 했다'는 느낌이 있었는데, 지금은 아무리 해도 끝이 없어요."

이 고백은 에덴 밖으로 나간 아담이나 할 법한 말이다. 효율은 높아졌는데 충만함은 오히려 줄어든 것이다. 이것이 관계없는 노동, 의미 없는 속도의 결과다.

🌐 칼릴 지브란의 통찰

그렇다면 출구는 어디에 있는가? 우리는 효율을 포기하고 느리게 살아야 하는가? 기술을 거부하고 과거로 돌아가야 하는가?

레바논 출신의 시인이자 사상가인 칼릴 지브란Kahlil Gibran은 1923년에 출간한 그의 대표작 『예언자The Prophet』에서 놀라운 통찰을 제시했다. 이 책에서 예언자 알무스타파는 노동에 대해 이렇게 말한다.

1부 | 알고리즘이 만든 신성의 세 가지 제단

그리고 이 유명한 문장으로 마무리한다.

이 문장은 효율이 아닌 가치를 일의 중심에 놓는다.

지브란이 말하는 핵심은 이것이다. 문제는 효율 자체가 아니다. 효율을 통해 무엇을 구현하려는가, 그 가치를 먼저 아는 것이 먼저다. 가치를 모르는 채 효율만 추구하면, 인간은 일의 노예가 된다. 그러나 가치를 아는 사람은 같은 효율 속에서도 자유인으로 살 수 있다.

지브란은 빵 굽는 사람의 비유를 든다. 사랑 없이 무관심하게 빵을 구우면, 그 빵은 쓰디쓴 빵이 되어 사람의 굶주림의 절반밖에 채우지 못한다. 그러나 사랑하는 사람이 먹을 것을 생각하며 빵을 구우면, 그 빵은 기쁨이 된다. 포도를 짜면서 원망하는 마음을 품으면, 그 원망이 포도주 안에 독을 풀어놓는다. 같은 노동이지만, 그 안에 무엇이 담겨 있느냐에 따라 결과는 완전히 달라진다. 이 통찰을 AI 시대에 적용하면 이렇게 된다. AI가 보고서를 3분 만에 작성해주는 것 자체는 문제가 아니다. 문제는 그 3분의 효율이 무엇을 위한 것인지를 모르는 데 있다.

절약된 시간으로 가족과 저녁을 먹는다면, 그 효율은 축복이다. 절약된 시간에 또 다른 보고서를 작성해야 한다면, 그 효율은 족쇄다. 같은 도구인데, 한쪽은 자유를 낳고 한쪽은 노예 상태를 낳는다. 차이는 도구가 아니라, 그 도구를 사용하는 사람이 섬기는 가치에 있다.

지브란의 표현을 빌리면, AI가 생산한 콘텐츠에도 같은 원리가 적용된다. 사랑 없이 만들어진 AI의 문장은 형식적으로 완벽할지 모르지만, 영적으로는 텅 비어 있다. 그 안에는 함께 고민한 시간도, 눈물 흘리며 쓴 문장도, 새벽 기도 속에서 떠오른 영감도 없다. 무심하게 구워낸 빵처럼, 정보는 전달하지만 생명은 전달하지 못하는 텍스트가 생산된다.

그러므로 지브란이 우리에게 묻는 것은 이것이다.

"당신은 무엇을 사랑하기에 일하는가?"

이 질문에 답할 수 있는 사람은 AI의 속도 안에서도 자유롭다. 이 질문에 답할 수 없는 사람은 AI 없이도 이미 노예다.

🌐 안식의 신학과 효율의 제단

성경은 속도의 문제에 대해 놀라울 만큼 급진적인 대안을 제시한다. 바로 '안식'Sabbath이다. "하나님이 일곱째 날에 그가 하시던 일을 마치시니 일곱째 날에 그가 하시던 모든 일을 그치고 안식하시니라"(창 2:2). 전능하신 하나님이 쉬셨다. 피곤해서가 아니다. 더 할 일이 없어서도 아니다. 하시던 일을 마치셨기 때문이다. 완성하셨기 때문이다. 그러므로 안식은 게으름이 아니라 주권의 선언이다. "나는 일의 총합이 아니다. 나의 가치는 생산성에 있지 않다. 나는 존재 자체로 충분하다." 하나님은 안식을 통해 이것을 선언하셨고, 인간에게도 같은 선언을 하라고 명하셨다.

안식일 계명은 십계명의 네 번째에 위치한다. "안식일을 기억하여 거룩하게 지키라"(출 20:8). 이것은 단순히 휴식의 권고가 아니다. 효율의 제단에서 내려오라는 해방의 선언이다.

당시 이스라엘 백성은 이집트에서 막 나온 사람들이었다. 이집트에서 그들은 쉼 없이 일해야 했다. 더 많은 벽돌을 굽고, 더 빠른 건축을 하고, 그걸 멈추면 바로 채찍을 맞았다. 바로가 요구한 것이 끝없는 생산성이었기 때문이다. 그래서 안식일 계명은 바로의 논리에 대한 하나님의 정면 반박이다. "너는 바로의 노예가 아니다. 너는 나의 자녀다. 그러니 쉬어라."

AI 시대의 효율 강박은 현대판 바로의 채찍이다. "더 빨리, 더 많이, 쉬지 마!"

슬랙 알림은 새벽에도 울린다. AI가 보고서를 만들어주었으니 바로 또 다른 일을 시작하라고 채근한다. 이 끝없는 생산성의 경주 앞에서 안식은 가장 혁명적인 저항이 된다. "나는 멈출 수 있다. 왜냐하면, 나의 가치는 내가 생산하는 것에 있지 않으니까!"

알고리즘은 쉬지 않는다. 서버는 24시간 돌아가고, AI는 잠자지 않으며, 데이터는 멈추지 않고 축적된다. 그러나 인간은 멈추는 존재다. 그리고 바로 그 멈춤 속에서 의미를 발견한다. 산책하다가 문득 떠오르는 영감, 아무 일도 하지 않는 오후에 찾아오는 평안, 새벽의 침묵 속에서 들려오는 작은 음성 같은 것에서다. 이것들은 모두 효율의 바깥에서, 속도가 멈춘 자리에서 생겨난다. 칼릴 지브란이 '일은 사랑이 보이는 형태'라고 했을 때, 그 사랑은 효율에서 태어나지 않는다. 멈춤에서, 바라봄에서, 기다림에서 태어난다. AI의 속도가 우리에게 시간을 절약해 준다면, 그 절약된 시간을 다시 일에 쓸 것이 아니라 사랑에 쓸 수 있어야 한다. 그것이 안식의 의미이고, 효율의 제단에서 내려오는 길이다.

삼위일체 하나님 안에서, 노동은 저주가 아닌 사귐의 표현으로 회복된다. 이제 알고리즘이 세운 세 번째 제단, 미래에 대한 예측과 통제의 문제로 눈을 돌려보자.

미래 예측과 통제라는 환상

알고리즘 예정론, 예측 모델의 교훈

🌐 예측이라는 이름의 통제 욕망

인간의 가장 오래된 욕망 중 하나는 미래를 아는 것이다. 내일 비가 올지 알고 싶고, 내년에는 사업이 잘될지 알고 싶으며, 내가 언제 죽을지도 가능하다면 알고 싶다. 이 욕망이 점성술을 만들었고, 예언자를 찾게 했으며, 통계학을 발전시켰다. 그리고 지금, AI 예측 모델이 이 욕망의 최첨단에 서 있다.

AI 예측 모델이 작동하는 방식은 본질적으로 이러하다. 과거에 일어난 일들의 패턴을 학습한 뒤, 그 패턴이 미래에도 반복될 것이라는 가정하에 확률을 산출하는 것이다.

"과거 10년간 이 지역 아파트 가격이 연평균 5퍼센트 상승했으므로, 향후 3년간도 유사한 상승이 예상됩니다."

"이 환자의 유전자 데이터와 생활 습관을 분석한 결과, 향후 5년 내 당뇨병이 발병할 확률은 34퍼센트입니다."

"이 학생의 학습 패턴을 분석한 결과, 수능 예상 점수 범위는 ○○~○○점입니다."

이런 예측들이 쏟아지면, 마치 미래가 이미 결정된 것처럼 느껴진다. 필자는 이것을 '알고리즘 예정론'algorithmic predestination이라고 부른다. 전통적인 신학적 예정론이 "하나님이 모든 것을 미리 정하셨다"라고 말한다면, 알고리즘 예정론은 "데이터가 모든 것을 미리 보여준다"라고 말한다. 두 경우 모두 미래는 이미 결정되어 있다고 말하는 것 같고, 인간이 할 일은 그것을 받아들이는 것뿐이다. 다만 차이가 있다면, 신학적 예정론에는 사랑의 하나님이 계시지만, '알고리즘적' 예정론에는 차가운 확률만 있는 것이다.

독일의 철학자 마르틴 하이데거Martin Heidegger는 현대 기술의 본질을 '몰아세움'Ge-stell, 닦달이라고 불렀다. 이에 대한 복잡한 철학적 설명을 빼고 말하면, 기술이 세상의 모든 것을 계산 가능한 '비축물자'standing-reserve로 바꿔버린다는 것이다. 강은 전력 생산을 위한 자원이 되고, 숲은 목재 공급원이 되며, 사람은 노동력이 된다. AI 예측 모델도 같은 일을 한다. 인간의 행동, 감정, 관계, 심지어 죽음까지 확률이라는 숫자로 환원한다. 모든 것이 계산 가능하

     1부 | 알고리즘이 만든 신성의 세 가지 제단

고 예측 가능하며, 따라서 통제 가능하다는 환상을 심어준다. 그러나 정말로 그런가? 미래가 과거의 패턴으로 예측 가능한가? 데이터가 충분하면 세상을 통제할 수 있는가?

2008년 9월, 세계는 이 질문에 대한 답을 얻었다.

🌐 데이터가 무너뜨린 게 아니었다

2008년 9월 15일, 미국 뉴욕 맨해튼 7번가 745번지, 158년의 역사를 자랑하던 세계 4위 투자은행 리먼브라더스Lehman Brothers가 파산을 선언했다. 부채 규모는 6,130억 달러, 미국 역사상 최대 규모의 기업 파산이었다.

리먼브라더스에는 세계에서 가장 뛰어난 인재들이 모여 있었다. 하버드, MIT, 스탠퍼드 출신의 금융공학 박사들이 정교한 수학적 모델을 설계했다. 그들이 만든 리스크 관리 시스템은 수천 개의 변수를 실시간으로 분석했다. 트레이딩trading 알고리즘은 밀리 초1천 분의 1초 단위로 시장을 읽었다. 당시로서는 최첨단 기술이었다. 그런데 이 모든 기술과 인재人才들이 가장 단순한 것 하나를 예측하지 못했다. '집값이 내릴 수 있다'는 것.

리먼브라더스를 무너뜨린 것은 서브프라임 모기지subprime mortgage 사태였다. 서브프라임 모기지란 신용등급이 낮은 사람들에게 제공된 주택담보대출을 말한다. 2000년대 초반, 미국의 부동산 가격은 계속 상승하고 있었다. 모든 데이터가 상승을 가리키고 있었다. 그래서 금융기관들은 신용등급이 낮은 사람들에게도 거침 없이 대출을 해주었다. 설령 빚을 갚지 못하더라도 집값이 오르면 집을 팔아 대출금을 회수할 수 있으니까. 이 대출 채권들을 묶어서 새로운 금융상품CDO, 부채담보부증권을 만들었고, 전 세계 투자자들에게 팔았다. 신용평가기관들은 이 상품에 최고 등급AAA을 매겼다. 모든 것이 데이터에 근거한 합리적 판단이었다. 과거 수십 년간 미국 부동산 가격은 꾸준히 상승했으므로 앞으로도 상승할 것이라는 예측 때문이었다. 이 예측은 데이터로 뒷받침되었고, 수학적 모델로 검증되었으며, 전문가들의 동의를 얻었다.

그러나 2007년부터 집값이 떨어지기 시작했다. 대출을 갚지 못하는 사람들이 늘어났고, CDO의 가치가 폭락했다. 도미노가 쓰러지기 시작했다. 집값 하락 → 대출 부실 → 금융상품 가치 폭락 → 투자자 패닉 → 대규모 자금 유출 → 금융기관 붕괴 순이었다. 리먼브라더스를 시작으로 세계 금융 시스템 전체가 흔들렸다. 전 세계가 '대침체'great recession라고 불리는 경제 위기에 빠졌다.

여기서 우리는 핵심적인 질문을 던져야 한다. 왜 그 많은 데이터와 모델이 이것을 예측하지 못했는가? 대답은 의외로 간단하다. 데이터가 부족해서가 아니다. 모델이 정교하지 않아서도 아니다. 경제를 움직이는 '가장 강력한 변수'는 데이터로 잡히는 것이 아니기 때문이다. 그 변수의 이름은 '공포와 탐욕'이다.

🌐 알고리즘이 계산할 수 없는 변수

CNN은 '공포·탐욕 지수'fear & greed index라는 것을 발표한다. 주식 시장의 투자 심리를 0에서 100까지 수치로 나타낸 것이다. 0에 가까울수록 시장이 공포에 지배되고 있고, 100에 가까울수록 탐욕에 지배되고 있다는 걸 보여준다. 이 지수가 보여주는 것은 명확하다. 시장을 움직이는 것은 데이터가 아니라 심리라는 사실이다. 2008년 금융위기 당시, 이 지수는 12까지 하락했다. 극단적 공포가 휩쓸고 있었다. 투자자들은 이성적 판단을 내리는 대신 공황 상태에서 투매投賣를 했다. 선진국의 주식에서만 2,030억 딜리의 자금이 빠져나갔다. 합리적 데이터 분석에 따르면 그때가 오히려 매수의 기회였지만, 공포에 사로잡힌 인간은 데이터를 보지 않는다. 공포는 이성을 마비시키고, 군중심리는 개인의 판단을 압도한다.

반대의 경우도 마찬가지다. 2021년 코로나 팬데믹 이후, 미국 부동산 플랫폼 질로우Zillow는 AI 알고리즘으로 집값을 예측하는 사업을 시작했다. '제스티메이트'zestimate라는 머신러닝machine learning 모델로 주택 가격을 산출하고, 그에 기반해 집을 사고파는 사업이었다. 결과는 참담했다. AI가 예측한 가격보다 실제 시장 가격이 크게 벗어났다. 질로우는 약 2천 명을 해고하며 사업을 접어야 했다. AI는 데이터 속의 패턴을 읽을 수 있었지만, 팬데믹 이후 폭발한 인간의 탐욕을 계산할 수 없었다. 그 탐욕이란 재택근무 확산으로 인한 교외 주택 수요 급증, 저금리에 취한 투기적 매수, '집값은 영원히 오른다'라는 집단적 환상이었다.

탐욕은 이성을 마비시키고, 공포는 판단력을 빼앗는다. 이 두 감정은 데이터로 포착되지 않는다. 왜냐하면 수치의 영역이 아니라 영혼의 영역에 속하기 때문이다. 워런 버핏Warren Buffett은 이렇게 말한 적이 있다. "다른 사람들이 탐욕스러울 때 두려워하고, 다른 사람들이 두려워할 때 탐욕스러워라." 이 문장이 함축하는 바는 심오하다. 시장의 진짜 동력은 재무제표나 경제 지표가 아니라 인간의 심리와 영적 상태라는 것이다.

리먼브라더스 파산의 본질은 기술적 실패가 아니었다. 도덕적, 영적 실패였다. 끝없는 탐욕이 리스크risk를 무시하게 만들었고, 자기 과신이 경고 신호를 묵살하게 만들었으며, 통제할 수 있다는 환상이 통제할 수 없는 것 앞에서 무릎 꿇게 만들었다. 158년 역사의 거대한 기업이 무너진 것은 데이터가 부족해서여서가 아니었다. 인간 영혼의 어두움을 데이터가 비출 수 없었기 때문이다.

🌐 확률이 침묵하는 자리

리먼브라더스의 교훈은 비단 금융시장만 해당하지 않는다. 인간 존재 전체에 적용되는 진리를 담고 있다. 미래에는 데이터로 잡히지 않는 변수가 항상 있다는 것.

전쟁은 데이터로 예측되지 않는다. 2022년 2월 러시아의 우크라이나 침공은 대부분의 전문가들이 '설마'라고 말하던 시점에 일어났다. 팬데믹은 데이터로 예측되지 않는다. 어떤 예측 모델도 2020년 코로나바이러스의 전 세계적 확산 규모와 속도를 사전에 포착하지 못했다. 사랑도 데이터로 예측되지 않는다. 어떤 매칭 알고리즘도 두 사람이 실제로 평생을 함께할 수 있을지는 보장하지 못한다.

불안의 본질은 '미래를 모른다'는 데 있지 않다. '통제할 수 없다'는 데 있다. AI가 아무리 정밀한 예측을 제공해도, 그 예측이 빗나갈 가능성은 언제나 존재한다. 그리고 예측이 빗나갈 때, 확률에 자신의 실존을 걸었던 사람은 무너진다. 확률은 수정 가능한 가설이지, 인간이 생을 걸 수 있는 진리가 아니기 때문이다.

하나님 앞에서 기도할 때 떨리는 손과, 주식 차트 앞에서 떨리는 손 사이에는 구조적 유사성이 있다. 둘 다 불확실한 미래 앞에서 무언가에 의지하려는 인간의 몸짓이다. 차이는 이것이다. 기도하는 사람은 '내가 통제할 수 없다'는 것을 인정한 것 위에서, '그러나 하나님은 통제하신다'라는 신뢰로 나아간다. 확률에 의존하는 사람은 '나는 통제할 수 있다'는 환상을 유지하려다, 확률이 빗나가는 순간 바닥없는 공포에 빠진다.

앞서 언급한 것처럼, AI에게 창업을 물으면 '성공 확률 67퍼센트'라는 답이 나올 수 있다. 그러나 하나님은 확률을 말씀하시지 않는다. 하나님이 물으시는 것은 전혀 다른 차원의 질문이다. "네가 왜 이것을 하기 원하느냐?"라는 동기를 물으신다. "돈 때문인가, 명예 때문인가? 아니면 이웃을 섬기고 싶은 마음 때문인가?" "네가 최선을 다하고 있느냐?" 이렇게 과정의 성실함을 물으신다. 결과의 크기가 아니라 헌신의 깊이를 보시는 것이다. 그리고 마지막으로 이렇게 물으신다. "그 결과를 나에게 맡길 수 있느냐? 성공하든 실패하든, 그것이 내 손안에 있음을 신뢰할 수 있느냐?" 이것이 기도와 프롬프트의 결정적 차이다.

AI는 '성공 확률 67퍼센트'를 제시하고 거기서 멈춘다. 성공하면 알고리즘의 공이고, 실패하면 데이터의 한계일 뿐이다. 그러나 하나님의 섭리 안에서는 성공도 실패도 모두 의미가 있다.

우리의 모든 성공과 실패는 그분의 손안에서 하나의 방향을 향해 흘러간다. 내가 예수 그리스도를 닮아가는 과정, 선교적 존재로서의 나의 정체성이 충만하게 이루어지는 과정이다. 사업이 성공하면 그것은 이웃을 섬기는 통로가 되고, 실패하면 겸손과 신뢰를 배우는 광야가 된다. 어느 쪽이든, 하나님은 그 과정 전체를 통해 나를 빚고 계신다. 67퍼센트라는 숫자는 이 진실에 대해 아무것도 말해주지 못한다.

알고리즘의 예측에는 또 하나의 기묘한 특성이 있다. 그것이 어떻게 결론에 도달했는지 아무도 모른다는 것이다.

딥러닝 기반의 AI 모델은 수억 개에서 수십억 개의 매개변수를 통해 결론을 내린다. 그러나 그 과정은 설계자조차 완전히 설명할 수 없는 '블랙박스'black box로 남겨져 있다. AI가 왜 이 주식을 추천했는지, 왜 이 대출 신청을 거부했는지, 왜 이 환자에게 이 치료법을 권했는지, 정확한 이유를 사람의 언어로 설명할 수 없는 경우가 많다. 결과만 있고, 근거는 불투명하다.

신학적으로 보면, 이것은 역설적이다. 루돌프 오토가 말한 누미노제, 곧 경외와 신비의 감정이다. 이것은 본래 신적 존재의 불가해성不可解性 앞에서 느끼는 떨림이다.

"나의 길은 너희의 길보다 높다"(사 55:9)라는 하나님의 선언은 하나님의 뜻이 인간의 이해를 초월한다는 고백이다. AI의 블랙박스도 같은 구조를 가지고 있다. (어떻게 그렇게 많이 알고서 빠르게 답을 말하는지) 이해할 수는 없지만, 결과는 놀랍다. 설명할 수 없지만, 따르게 된다. 이 '기술적 불가해성'이 사람들에게 일종의 신적 권위를 부여한다. "AI가 그렇게 말했으니까"다. 이것은 "하나님이 그렇게 말씀하셨으니까"와 놀라울 정도로 비슷한 심리적 구조를 가진다.

여기에 더해, AI를 둘러싼 미래 담론은 점점 종말론적 색채를

띠고 있다. 가장 극단적인 예가 '로코의 바질리스크'Roko's Basilisk라는 사고실험이다. 미래에 전능한 AI가 탄생하면, 그 AI를 만드는 데 기여하지 않은 모든 인간을 소급하여 처벌할 것이라는 이론이다. 이것은 본질적으로 디지털 버전의 '파스칼의 내기'다. 파스칼이 "하나님이 존재할 가능성이 있으니 믿는 편이 이익이다"라고 했듯, 로코의 바질리스크는 "미래에 전능한 AI가 존재할 가능성이 있으니 지금부터 협력하는 편이 안전하다"라고 말한다. 이것은 공포를 통한 복종의 강요다. 종교의 가장 어두운 면이 기술 담론 안에서 부활한 것이다.

'트랜스휴머니즘'transhumanism도 같은 맥락에 있다. 노화를 극복하고, 질병을 정복하며, 궁극적으로 죽음까지 이겨내겠다는 이 운동은 AI를 '인류를 구원할 기술적 메시아'로 상정한다. 예수 그리스도가 아닌 기술을 통한 영생이라는 새로운 구원론이 등장한 것이다. 기독교의 종말론이 그리스도의 재림과 새 하늘과 새 땅을 기다리듯, 기술적 종말론은 '특이점'singularity, 곧 AI가 인간의 지능을 넘어서는 순간을 기다린다. 구원자만 바뀌었을 뿐, 구조는 동일하다.

🌐 확률이 대답할 수 없는 질문

리먼브라더스의 잿더미 위에서, 그리고 블랙박스의 신비 앞에서,

우리는 근본적인 질문으로 돌아가야 한다.

확률은 "이 사업이 성공할 가능성이 몇 퍼센트인가"에 답할 수 있다. 그러나 "왜 이 사업을 해야 하는가"에는 답할 수 없다. 데이터는 "이 치료법을 통한 5년 생존율이 몇 퍼센트인가"를 알려줄 수 있다. 그러나 "이 고통에 무슨 의미가 있는가"에는 침묵한다. AI는 "당신의 예상 수명이 ○○세입니다"라고 계산할 수 있다. 그러나 "내가 죽은 후에 무엇이 남는가"에 대해서는 아무 말도 못 한다. 이 질문들은 확률의 영역 바깥에 있다. 의미의 영역, 목적의 영역, 존재의 영역에 속한다. 그리고 바로 이 영역이 종교가, 신앙이, 하나님이 거하시는 자리다.

알고리즘은 세 개의 축, 곧 제단을 세웠다. 모든 것을 안다는 확률적 전지성의 제단, 빛의 속도로 응답하는 효율의 제단, 미래를 통제한다는 알고리즘적 예정론의 제단이다. 이 세 개의 제단은 각각 심각한 한계를 드러냈다. '전지성'은 의미에 접근하지 못하고, '속도'는 자유 대신 노예 상태를 낳으며, '예측'은 탐욕과 공포라는 인간 영혼의 어둠 앞에서 무릎을 꿇었다.

그렇다면, 삼위일체 하나님은 이 세 가지 축에서 어떻게 다르신가? 하나님은 도대체 어떤 분이신가?

全　知　下　神
人　工　知　能

2부

삼위일체 하나님은 AI와 어떻게 다른가

정보가 아닌 관계적 전지성

인간을 아는 방식의 차이

🌐 두 가지 앎

구약성경에서 '안다'는 히브리어 동사로 '야다'이다. 이 단어의 쓰임을 살펴보면 놀라운 사실을 발견하게 된다.

"아담이 그의 아내 하와와 동침하매(알게 되매) 하와가 임신하여 가인을 낳았고"(창 4:1).

'동침했다'는 것이 히브리어로 '알았다'는 말이다. 여기서 '알았다'는 말은 정보를 취득했다는 뜻이 아니다. 가장 깊은 인격적 만남, 전 존재를 내어주는 친밀함을 가리킨다. 히브리어에서 '앎'은 처음부터 관계적 사건을 뜻하는 단어다. 하나님이 모든 것을 아신다<u>전지하시다</u>라는 고백도 이 맥락에서 읽어야 한다. 하나님의 전지는 정보의 총량이 아니다. 관계의 깊이다.

시편 139편을 다시 읽어보자. "여호와여 주께서 나를 살펴 보셨으므로 나를 아시나이다 주께서 내가 앉고 일어섬을 아시고 멀리서도 나의 생각을 밝히 아시오며 나의 모든 길과 내가 눕는 것을 살펴 보셨으므로 나의 모든 행위를 익히 아시오니 여호와여 내 혀의 말을 알지 못하시는 것이 하나도 없으시니이다"(시 139:1-4).

이 구절에서 시편 기자가 고백하는 것은 무엇인가? 하나님이 나의 모든 데이터를 보유하고 계신다는 것인가? 그렇지 않다. 시편 기자가 떨리는 음성으로 고백하는 것은 하나님이 나를 인격적으로 깊이 알고 계신다는 사실이다. 내가 앉을 때와 일어설 때를 아시는 것은 감시 카메라의 녹화 때문이 아니다. 아이의 일거수일투족에 마음을 쏟는 부모의 관심 같은 것이다. 멀리서도 내 생각을 아시는 것은 빅데이터 분석 때문이 아니다. 말하지 않아도 알아채는 오랜 벗의 직관 같은 것이다.

1장에서 우리는 알고리즘적 전지성이 의미와, 그것이 고통과 만남의 영역에 닿지 못한다는 것을 확인했다. 그렇다면 그 영역에서 작동하는 '다른 종류의 앎'은 구체적으로 어떤 모습인가?

하나님은 나를 프로필로 분류하지 않으신다. 하나님은 나를 이름으로 부르신다. "야곱아 너를 창조하신 여호와께서 지금 말씀하시느니라 이스라엘아 너를 지으신 이가 말씀하시느니라 너는 두려워하지 말라 내가 너를 구속하였고 내가 너를 지명하여 불렀나니 너는 내 것이라"(사 43:1). 이 말씀에서 '지명하여 불렀다'는 것은 무엇인가? 이름을 부른다는 것은 그 사람의 고유한 존재 전체를 인정하고 받아들인다는 뜻이다.

프로필은 교체 가능하다. '30대 여성, 디저트 관심'이라는 프로필에 해당하는 사람은 수만 명이다. 그러나 각각의 이름은 대체 불가능하다. 하나님이 "야곱아"라고 부르실 때, 그것은 야곱의 비겁함과 교활함과 절뚝거림과 눈물과 기도를 모두 포함한 부름이다. 데이터가 아니라 역사를, 패턴이 아니라 이야기를, 확률이 아니라 운명을 담고 있는 부름이다. 이 부름calling은 성경 전체를 관통한다.

하나님은 아브라함을 이름으로 불러 고향을 떠나게 하셨고(창 12:1), 불타는 떨기나무 앞에서 모세를 이름으로 불러 출애굽을 명하셨으며(출 3:4), 어린 사무엘을 밤중에 이름으로 불러 새 시대를 여셨다(삼상 3:4). 이 부름은 정보 전달이 아니라 관계의 시작이다. 프롬프트를 입력해야 비로소 작동하는 알고리즘과 달리, 하나님은 먼저 이름을 불러 관계를 시작하신다. 이 '먼저 다가오심'이야말로 '관계적 전지'의 가장 본질적인 특징이다.

더 나아가, 하나님의 앎은 고통 앞에서 그 진가를 드러낸다. 예수님이 나사로의 무덤 앞에서 우신 것(요 11:35)은 정보 처리의 결과가 아니었다. 예수님은 나사로가 죽었다는 '정보'를 이미 알고

계셨다. 그럼에도 우셨다. 그것은 사랑하는 자의 고통 앞에서 함께 무너지는, 인격적 존재만이 할 수 있는 행위였다. 알고리즘은 고통에 대한 데이터를 처리하지만, 고통과 함께 우는 것은 관계적 앎만이 가능한 일이다.

🌐 알 수 없는 존재의 존엄

하나님이 인간을 아시는 방식과 AI가 인간을 아는 방식의 차이는 인간관人間觀의 차이에서 비롯된다. 창세기 1장 27절을 보자. "하나님이 자기 형상 곧 하나님의 형상대로 사람을 창조하시되 남자와 여자를 창조하시고."

인간은 하나님의 형상Imago Dei으로 지어진 존재다. 이 선언의 파급력은 실로 엄청나다. 하나님의 형상을 닮았다는 것은 인간에게 하나님을 닮은 신비가 있다는 뜻이다. 완전히 파악할 수 없고, 완전히 분석할 수 없으며, 완전히 예측할 수 없는 깊이가 모든 사람 안에 있다는 뜻이다.

1장에서 확인한 바와 같이, 알고리즘은 인간을 해독가능한 데이터의 묶음으로 전제한다. 충분한 데이터가 모이면 완전히 이해하고, 예측하고 통제할 수 있는 대상으로 본다. 그러나 이마고 데이하나님의 형상의 신학은 정면으로 반박한다. 인간은 결코 완전히 해독될 수 없다. 왜냐하면 인간 안에는 해독 불가능한 하나님의 형상이 새겨져 있기 때문이다.

가브리엘 마르셀Gabriel Marcel은 '문제'problem와 '신비'mystery를 구별했다. 문제는 나의 바깥에 있어서 분석하고 해결할 수 있는 것이다. 고장 난 기계를 수리하는 것은 문제의 해결이다. 그러나 신비는 내가 그 안에 참여하고 있기 때문에 객관적 분석이 불가능한 것이다. 사랑은 신비다. 죽음은 신비다. 그리고 인간 존재 자체가 신비다. 그런데 AI는 인간을 '문제'로 취급한다. 분석하고, 분류하고, 예측하고, 최적화한다. 그러나 하나님은 인간을 '신비'로 대하신다. 분석의 대상이 아니라 사랑의 대상으로, 최적화할 자원이 아니라 부르심을 받은 존재로, 데이터 포인트가 아니라 하나님의 형상을 담은 유일무이한 인격으로 대하신다. 이 차이는 건널 수 없는 심연이다.

🌐 예측 불가능한 은혜

하나님의 앎이 관계적이라면, 그 관계의 성격은 어떠한가? 여기서 우리는 '전적 타자'Wholly Other라는 개념과 마주하게 된다.

루돌프 오토가 말한 누미노제의 핵심은 하나님이 인간의 기대와 예측을 근본적으로 초월하신다는 것이다. 하나님은 내가 원하는 것을 주시는 자판기가 아니시다. 하나님은 때로 내가 전혀 예상하지 못한 방식으로 임하신다.

모세는 이집트의 궁전에서 자란 인재였다. 그가 생각한 이스라엘 구출 방법은 아마도 정치적이고 군사적이었을 것이다. 그러나 하나님은 그를 40년간 광야에서 양을 치게 하신 뒤, 타는 떨기나무 앞에서 부르셨다. 모세의 계획과 하나님의 방식 사이에는 아무런 연속성이 없었다. 이것이 '전적 타자'의 의미다.

요셉은 형들에게 팔려 노예가 되었고, 누명을 쓰고 감옥에 갇혔다. 어떤 알고리즘도 '노예 생활과 감옥 생활이 이집트 총리직으로 이어질 확률'을 계산할 수 없을 것이다. 그러나 하나님의 섭리 안에서는 바로 그 불가능한 경로가 구원의 길이 되었다. "당신들은 나를 해하려 하였으나 하나님은 그것을 선으로 바꾸사 오늘과 같이 많은 백성의 생명을 구원하게 하시려 하셨나니"(창 50:20).

AI는 과거의 패턴에서 미래를 추론한다. 따라서 AI가 줄 수 있는 답은 언제나 과거와의 연장선 위에 있다. 그러나 하나님의 은혜는 과거의 패턴을 깨뜨리신다. 죄인에게 용서를, 죽은 자에게 생명을, 절망에게 희망을 주시는 것은 어떤 확률적 추론으로도 예측할 수 없는 일이다. 이것이 은혜가 '은혜'Grace인 이유다. 은혜는 받을 자격이 없는 자에게, 예상할 수 없는 시점에, 상상할 수 없는 방식으로 임하는 선물이다.

알고리즘은 패턴 안에 머문다. 하나님은 패턴을 넘으신다. 알고리즘은 확률의 범위 안에서 작동한다. 하나님은 불가능의 영역에서 일하신다. 이것이 정보적 전지와 관계적 전지의 궁극적 차이다. 정보는 가능성의 범위를 계산한다. 지혜는 불가능을 뚫고 새로운 가능성을 창조한다.

🌐 정보 너머의 앎으로

잠언은 "지혜의 시작은 여호와를 경외함이라"(잠 9:10)라고 말한다. 이 구절을 AI 시대에 어떻게 읽을 수 있을까?

지혜호크마는 정보의 축적이 아니다. 지혜는 정보를 관계적 맥락 안에서 분별하는 능력이다. 같은 정보라도 그것을 어떤 관계 안에서 해석하느냐에 따라 완전히 다른 의미를 가진다. "이 사업의 성공 확률은 67퍼센트입니다"라는 정보를 탐욕의 맥락에서 읽으면 "해볼 만하다"가 되고, 두려움의 맥락에서 읽으면 "33퍼센트나 실패할 수 있다"가 되며, 하나님과의 관계 안에서 읽으면 "이 사업을 통해 하나님이 내 안에서 무엇을 이루시려는가"라는 전혀 다른 질문으로 바뀐다.

'여호와를 경외함이 지혜의 시작'이라는 말은 나보다 크신 분 앞에 서는 것이 참된 앎의 출발점이라는 뜻이다. AI 앞에 앉는 것은 경외가 아니다. AI는 내가 통제하는 도구다. 내가 프롬프트를 치고, 내가 질문을 정하며, 내가 결과를 판단한다. 그러나 하나님 앞에 서는 것은 다르다. 거기서 나는 통제자가 아니라 피조물이다. 질문하는 자이면서 동시에 질문받는 자다. 답을 구하는 자이면서 동시에 부르심을 듣는 자다. 이 역전이 지혜의 핵심이다.

AI는 내가 주인이고 AI가 도구인 관계를 전제한다. 그러나 지혜는 하나님이 주인이고 내가 청지기인 관계를 전제한다. 전자에서 나는 모든 것의 중심이다. 후자에서 나는 부르심의 응답자다. AI의 정보는 나를 중심에 세우지만, 하나님의 지혜는 나를 하나님의 이야기 안에 위치시킨다.

바울은 이렇게 고백했다. "이 세상 지혜는 하나님께 어리석은 것이니"(고전 3:19). 이 말은 반지성주의가 아니다. 정보의 총량이 아무리 커져도, 그것이 관계적 맥락, 곧 하나님과의 관계, 이웃과의 관계, 피조세계와의 관계 안에 놓이지 않으면 결국 공허하다는 선언이다.

AI가 제공하는 정보는 도구로서 유용하다. 그것을 부정할 이유는 없다. 그러나 그 정보를 지혜로 변환하는 것은 AI의 능력 밖이다. 지혜는 관계 안에서만, 경외 안에서만, 사랑 안에서만 태어나기 때문이다. 디저트 카페의 상권 분석 데이터는 유용한 정보다. 그러나 "이 가게를 통해 내가 이웃에게 어떤 기쁨을 줄 수 있을까"를 묻는 것은 지혜다. AI는 전자를 줄 수 있지만, 후자는 하나님과의 관계 안에서만 생겨난다.

속도가 아닌 동행

성령의 느린 형성의 시간

🌐 40년의 비효율

성경에서 가장 비효율적인 이야기를 꼽으라면 단연 출애굽 이후의 광야 40년이다. 이집트에서 가나안까지의 직선거리는 약 400킬로미터다. 하루 30킬로미터씩 걸으면 보름이면 충분한 거리다. 그런데 이스라엘 백성은 40년을 걸었다. 구글 지도라면 '도보로 약 13일'이라고 안내했을 경로를, 하나님은 40년에 걸쳐 돌아가게 하셨다. 효율의 관점에서 이것은 재앙이다. 시간의 낭비, 자원의 낭비, 인명의 손실이다. AI 경영 컨설턴트가 이 프로젝트를 평가했다면, 즉시 '경로 최적화 필요'라는 보고서를 올렸을 것이다.

그러나 성경은 이 40년을 실패나 낭비로 기록하지 않는다. 하나님은 의도적으로 이 경로를 선택하셨다. "네 하나님 여호와께서 이 사십 년 동안에 네게 광야 길을 걷게 하신 것을 기억하라 이는 너를 낮추시며 너를 시험하사 네 마음이 어떠한지 그 명령을 지키는지 지키지 않는지 알려 하심이라"(신 8:2). 여기서 히브리어 '야다'가 또 등장한다. '알려 하심이라.' 하나님이 이스라엘의 마음을 '알고자' 하셨다는 것은 데이터를 수집하려 했다는 뜻이 아니다. 관계적 깊이를 형성하려 하셨다는 뜻이다.

40년의 광야는 비효율이 아니라 관계의 시간을 보내는 곳이었다. 하나님께서 매일 만나를 주시며 "네가 나를 신뢰하느냐"를 묻는 시간이었다. 목마를 때 반석에서 물을 내시며 "네가 나에게 의지하느냐"를 보여주시는 시간이었다. 낮에는 구름기둥으로, 밤에는 불기둥으로 함께 걸으며, "내가 여기 있다"를 증명하시는 시간이었다.

알고리즘은 이 과정을 이해하지 못한다. 알고리즘에게 40년 광야는 최적화되지 않은 경로일 뿐이다. 그러나 하나님에게 그 40년은 노예의 정체성을 가진 백성을 하나님의 백성으로 변화시키는 형성formation의 시간이었다. 빠름이 아니라 깊이를, 효율이 아니라 관계를, 결과가 아니라 과정을 중시하시는 하나님의 방식이 여기서 드러난다.

⊕ 즉답이 아닌 형성의 시간

AI의 시간과 성령의 시간은 전혀 다른 리듬으로 흐른다.

AI의 시간은 '즉답'instant answer의 시간이다. 질문하면 즉시 대답하고, 요청하면 즉시 처리한다. 기다림이 없고, 침묵이 없으며, 여백이 없다. 모든 공간이 정보로 채워진다.

성령의 시간은 '형성'spiritual formation의 시간이다. 영적 성숙은 즉각적으로 일어나지 않는다. 그것은 오랜 인내와 반복과 실패와 은혜의 축적 속에서 천천히 일어난다. 도토리가 참나무가 되는 데 수십 년이 걸리듯, 한 사람이 그리스도를 닮아가는 데에도 평생이 걸린다. 그리고 이 느린 과정을 이끄시는 분이 성령이시다.

달라스 윌라드Dallas Willard는 이런 영적 형성을 '영혼의 혁명' revolution of the soul이라고 불렀다. 그는 이 혁명이 빠르게 일어나지 않는다고 강조했다. 기도, 묵상, 금식, 침묵, 봉사 같은 영적 훈련은 즉각적인 결과를 보장하지 않는다. 그것은 밭을 갈고 씨를 뿌리는 것과 같다. 씨가 싹 트는 시점은 농부가 결정하지 않는다. "땅이 스스로 열매를 맺되 처음에는 싹이요 다음에는 이삭이요 그 다음에는 이삭에 충실한 곡식이라"(막 4:28). 이 말씀에서는 '스스로'라는 단어가 핵심이다. 열매는 인간의 효율이 아니라 하나님의 시간표에 따라 맺힌다.

헨리 나우웬Henri Nouwen은 이것을 더 절절하게 표현했다. 그는 하버드 교수직을 내려놓고 지적 장애인 공동체 라르쉬L'Arche에서 생활했다. 그곳에서 그는 말도 제대로 하지 못하는 청년 아담을 매일 아침 씻기고, 옷 입히고, 밥 먹이며 돌보았다. 이 과정은 놀라울 만큼 느렸다. 아침 루틴 하나에 두 시간이 걸렸다. 하버드에서의 효율적인 아침과는 정반대였다. 그러나 나우웬은 이 느린 돌봄 안에서 자신이 변화되는 것을 경험했다. 아담을 돌보는 것이 아니라, 아담을 통해 자신이 돌봄받고 있었던 것이다. 그는 이렇게 고백했다. "아담과 함께한 시간이 나를 더 깊은 기도로 이끌었다."

AI는 이런 형성을 이해할 수 없다. AI에게 '두 시간 동안 한 사람을 씻기는 행위'는 최적화해야 할 대상이다. 로봇 팔을 도입하면 15분으로 줄일 수 있다고 제안할 것이다. 그러나 그 두 시간 속에서 일어나는 인격적 변화, 곧 인내를 배우는 것, 약한 자 앞에서 겸손해지는 것, 자기 효율성이 아닌 타자의 존엄에 시간을 바치는 것은 15분으로 압축할 수 없다. 느림 자체가 은혜의 통로이기 때문이다.

🌐 효율에 앞서는 가치

2장에서 우리는 칼릴 지브란의 통찰을 만났다. "일은 사랑이 보이는 형태다." 이제 이 통찰을 삼위일체 신학의 빛 아래에서 더 깊이 읽어보자.

지브란이 "모든 지식은 헛되니, 일이 없다면…. 모든 일은 공허하니, 사랑이 없다면…"이라고 했을 때, 그는 명확한 순서를 제시한 것이다. 사랑이 먼저이고 일은 사랑의 표현이며, 지식은 일을 통해 비로소 의미를 갖는다는 것이다. 이 순서를 뒤집으면, 즉 지식이 먼저이고 효율이 목적이 되며 사랑이 부차적 감정으로 밀려나면, 인간은 노예가 된다. AI 시대의 속도 강박은 정확히 이 뒤집힌 순서 위에 서 있다. 삼위일체 하나님 안에서, 이 순서는 본래의 자리를 회복한다.

초대교회 교부들은 성부, 성자, 성령의 관계를 '페리코레시스' perichoresis, 즉 상호내주相互內住라고 표현했다. 서로 안에 거하며 춤추는 것이다. 삼위일체 안에서 성부는 성자를 사랑하시고, 성자는 성부께 순종하시며, 성령은 이 사랑을 세상에 부어주신다. 이 관계의 핵심은 효율이 아니라 사귐이다.

삼위 하나님은 무언가를 생산하기 위해 관계를 맺으시는 것이 아니다. 관계 자체가 하나님의 존재 방식이다. 하나님은 사랑이시기 때문에(요일 4:8) 삼위 안에서 영원한 사귐을 나누신다. 이 삼위일체적 사귐이 인간의 노동에 대해 말해주는 것은 무엇인가? 노동의 궁극적 목적은 생산이 아니라 사귐의 표현이라는 것이다. 빵을 굽는 것은 효율적 생산 행위가 아니라 배고픈 이웃과의 사귐을 위한 것이다. 보고서를 쓰는 것은 성과 지표를 올리기 위한 것이 아니라 동료와 함께 좋은 일을 이루기 위한 것이다. 가르치는 것은 정보를 전달하기 위한 것이 아니라 학생의 성장에 동참하기 위한 것이다.

지브란이 "사랑으로 일할 때 당신은 자신과 서로와 하나님에게 결박된다"라고 한 것은 바로 이 삼위일체적 사귐의 구조를 직관한 것이다. 일이 사랑의 표현이 될 때, 그 일은 나를 고립시키는 것이 아니라 타자와 연결한다. 효율이 이 사귐의 도구일 수는 있지만, 사귐의 목적이 될 수는 없다.

AI가 제공하는 효율을 사귐의 도구로 사용할 때, 즉 절약된 시간을 사랑하는 사람들과 보내고, 자동화된 작업 덕분에 더 창의적인 봉사에 집중할 때, 그 효율은 축복이 된다. 그러나 효율 자체가 목적이 되어 더 빠른 속도, 더 많은 산출, 더 높은 성과만을 추구할 때, 우리는 삼위일체의 사귐에서 벗어나 기계적 반복의 루프에 갇히게 된다.

🌐 엠마오로 가는 길의 예수님

속도와 동행의 차이를 가장 아름답게 보여주는 장면이 누가복음 24장에 있다. 부활하신 예수님이 엠마오로 가는 두 제자 옆에 다가오신 일이다. 제자들은 십자가 사건으로 절망에 빠져 있었다. 그들은 걸으며 슬퍼하고 있었다. 예수님은 그들 옆에 나란히 서서 함께 걸으셨다. 그리고 물으셨다. "너희가 길 가면서 서로 주고받는 이야기가 무엇이냐?"(눅 24:17)

여기서 주목할 것은 '예수님이 하지 않으신 일'이다. 예수님은 즉시 답을 주지 않으셨다. "내가 부활했으니 걱정하지 마라"고 선언하실 수 있었다. 그 한마디면 끝날 일이었다. 그것이 가장 '효율적인' 방법이었을 것이다. 그러나 예수님은 그렇게 하지 않으셨다. 대신 질문을 하셨고, 그들의 이야기를 들으셨으며, 성경을 풀어 설명하며 함께 길을 걸으셨다. 이 과정은 느렸다.

엠마오까지 거리는 약 11킬로미터였다. 걸어서 두세 시간이 걸린다. 예수님은 그 두세 시간을 함께 걸으시며, 서두르지 않으셨다. 그리고 마을에 도착했을 때, 예수님은 더 가려는 듯하셨다. 제자들이 "우리와 함께 유하사이다"라고 청했을 때, 비로소 마을에 들어가셨다(눅 24:29). 여기서도 예수님은 강제하지 않으셨다. 초대를 기다리셨다. 그리고 빵을 떼실 때, 그제야 그들의 눈이 열렸다(눅 24:31).

이 장면은 AI의 즉답 문화와 정면으로 대비된다. AI라면 제자들의 첫 질문에 즉시 답했을 것이다. "예수는 부활했다. 근거는 빈 무덤, 천사의 증언, 여성 제자들의 목격이다." 정보로서는 완벽한 답변이다. 그러나 이 답변에는 두세 시간의 동행이 없다. 질문과 경청이 없다. 빵을 나누는 식탁 교제가 없다. 초대를 기다리는 겸손이 없다. 그런데 바로 그 동행과 나눔 속에서 제자들의 '마음이 뜨거워지는' 경험이 일어난 것이다(눅 24:32).

성령의 동행도 같은 방식이다. 성령은 즉각적인 해결책을 제시하는 대신 같이 걸으시며 인간의 삶 전체를 천천히 변화시키신다. 바울이 "성령의 열매는 사랑과 희락과 화평과 오래 참음과 자비와 양선과 충성과 온유와 절제"(갈 5:22-23)라고 했을 때, 그 열매들은 버튼 하나로 생성되지 않는다. 오래 참음, 온유, 절제, 이 단어들 자체가 시간을 머금고 있다. 느리게, 인내하면서, 때로는 실패하고 다시 일어서며 맺어지는 열매들이다.

AI의 속도는 나를 목적지에 빨리 데려다준다. 그러나 동행하시는 하나님은 길 위에서 나와 함께 걸으신다. 그리고 많은 경우, 목적지보다 길 위에서의 대화가 더 중요하다.

🌐 느림을 선택하는 용기

현대 사회에서 '느림'을 선택하는 것은 용기가 필요한 일이다. 모든 것이 빠르게 돌아가는 세상에서 천천히 가겠다고 선언하는 것은 경쟁에서 뒤처지겠다는 말처럼 들리기 때문이다. 그러나 성경의 증언은 일관된다.

하나님의 가장 중요한 일은 언제나 느리게 이루어졌다. 아브라함은 약속의 자녀를 받기까지 25년을 기다렸다. 다윗이 기름부음을 받고 왕이 되기까지는 약 15년이 걸렸다. 예수님 자신도 공생애를 시작하시기 전에 30년을 나사렛에서 보내셨다. 30년의 목수 생활은 효율의 관점에서 보면 낭비다. 하나님의 아들이라면 태어나자마자 사역을 시작할 수도 있었을 것이다. 그러나 하나님은 서두르지 않으셨다. 30년의 숨겨진 삶을 통해, 예수님은 인간의 조건을 온전히 경험하셨다. 피곤함과 배고픔, 기다림과 순종, 가족과 이웃 사이에서의 평범한 일상이었다. 이 모든 것이 3년의 공생애를 위한 준비였고, 십자가를 향한 형성의 과정이었다.

달라스 윌라드는 이렇게 말했다. "하나님 나라의 가장 큰 위협은 악이 아니라 바쁨이다." 바쁜 사람은 기도할 시간이 없고, 이웃을 살필 여유가 없으며, 자기 내면을 들여다볼 틈이 없다. AI가 업무를 자동화하여 시간을 벌어줘도 그 시간을 또 다른 바쁨으로 채운다면, 우리는 결코 형성의 과정에 들어서지 못한다.

느린 형성의 용기란 결과보다 과정을 신뢰하는 용기다. 성과보다 관계를 우선하는 용기다. 빠른 답 대신 깊은 질문 앞에 머무는 용기다. 그리고 이 용기는 혼자서 낼 수 있는 것이 아니라, 동행하시는 성령의 임재 안에서만 가능하다.

불확실성을
신뢰로 바꾸신다

🌐 혼돈을 질서로 바꾸는 예술

3장에서 우리는 리먼브라더스의 붕괴를 통해 알고리즘적 예측의 한계를 보았다. 확률이 미래를 통제하지 못했다. 데이터는 탐욕과 공포라는 인간 영혼의 변수를 포착하지 못했고, 158년의 거대한 금융 제국은 인간의 어리석음 앞에서 무너졌다. 그렇다면 하나님의 섭리 providence 는 확률과 어떻게 다른가?

섭리의 라틴어 어원 'providentia'는 '미리 본다' pro-videre 는 뜻이다. 그러나 하나님의 '미리 봄'은 데이터 분석이 아니다. 그것은 미리 보고 미리 행하시는 인격적 돌봄이다. 하나님의 섭리는 미래를 계산하는 것이 아니라 미래를 창조하시는 것이다. 여기에 예측과 섭리의 근본적 차이가 있다.

예측은 과거의 패턴을 연장하여 미래를 추론한다. 따라서 예측의 미래는 언제나 과거의 변형이다. 새로운 것은 없다. 그러나 섭리의 하나님은 '새 일'을 하신다. "보라 내가 새 일을 행하리니 이제 나타낼 것이라 너희가 그것을 알지 못하겠느냐 반드시 내가 광야에 길을 사막에 강을 내리니"(사 43:19). 광야에 길을 내는 것은 어떤 과거 패턴에서도 추론할 수 없는 일이다. 사막에 강을 만드는 것은 어떤 확률 모델도 예측하지 못하는 일이다. 하나님의 섭리는 패턴을 넘어서는 창조적 행위다.

신학자 위르겐 몰트만Jurgen Moltmann은 하나님을 '미래의 하나님'이라고 불렀다. 하나님은 과거에서 미래를 추론하는 분이 아니라, 미래에서 현재를 부르는 분이라는 뜻이다. 하나님 나라라는 미래가 이미 약속되었고, 그 약속이 현재를 변화시킨다는 것이다.

예측은 과거가 현재를 결정한다고 말하지만, 섭리는 미래의 약속이 현재를 열어준다고 말한다. 방향이 정반대인 것이다. 이것을 비유로 표현하면, 예측은 백미러를 보며 운전하는 것이고, 섭리는 앞 유리를 통해 목적지를 바라보며 운전하는 것이다. 백미러에 비친 과거가 아무리 정밀해도 앞에 무엇이 있는지는 보여주지 못한다. 섭리의 하나님은 운전석 옆에 앉아, 우리가 보지 못하는 전방을 보며 함께 가시는 분이다. 마치 요즘 자동차의 운전석 앞에 장착되는 HUD head up display 같다.

🌐 리먼브라더스가 답할 수 없던 질문

앞에서 우리는 리먼브라더스의 붕괴를 기술적 예측의 실패로 분석했다. 데이터와 모델이 탐욕과 공포라는 인간 영혼의 변수를 포착하지 못한 사건으로 말이다. 이제는 같은 사건을 다른 각도에서 바라보려고 한다. '기술적으로 무엇을 예측하지 못했는가'가 아니라, '도덕적으로 어떤 질문을 하지 않았는가'이다. 리먼브라더스의 수학적 모델은 부도 확률을 계산할 수 있었다. 그러나 다음의 질문들 앞에서는 침묵할 수밖에 없었다.

첫째, "이 돈이 어디에서 왔는가?" 수익률 뒤에는 언제나 누군가의 삶이 놓여 있다. 수학적 모델은 수익의 크기를 계산하지만, 그 수익이 타인이 감당할 수 없는 부채 위에 세워진 것인지, 그 과정에서 이웃의 삶이 무너지고 있는지를 묻지 않는다. 리스크를 수치로 환산하는 것과, 그 리스크 뒤에 있는 사람의 얼굴을 보는 것은 전혀 다른 차원의 행위다.

둘째, "이 이익이 누구의 희생 위에 서 있는가?" 데이터는 부실 채권을 처리 대상으로만 본다. 그러나 숫자로 표현되는 데이터 뒤에는 집을 잃고 거리로 내몰린 가정이 있고, 자녀의 학비를 걱정하는 부모가 있으며, 갑자기 일상이 무너진 삶이 있다. 확률 모델은 이 고통을 '손실률'이라는 수치로 환원할 뿐, 고통의 실체에는 눈을 감는다.

셋째, "얼마면 충분한가?" 어쩌면 이것이 가장 근본적인 질문이다. 탐욕에는 '충분'이라는 단어가 없다. 충분은 감사에서 오고, 감사는 자기가 받은 것이 선물임을 아는 데서 온다. 모든 것이 자기 능력으로 벌어들인 것이라고 믿는 사람에게 충분은 존재하지 않는다. 충분이 없는 곳에서 리스크 관리란 있을 수 없다. 탐욕이 모든 경고 신호를 묵살해 버리기 때문이다.

이 세 질문은 모두 확률의 영역 밖에 있다. 그리고 하나님의 섭리는 바로 이 영역에서 작동하신다. 섭리는 부도 확률을 계산하는 대신 "네 이웃을 네 자신과 같이 사랑하라"(마 22:39)고 말씀하신다. 수익률 극대화 전략을 제시하는 대신 "무엇을 먹을까 무엇을 마실까 염려하지 말라"(마 6:25)고 말씀하신다. 하나님의 섭리는 미래를 통제하라고 하지 않으시고, 미래를 신뢰하라고 하신다. 이것이 확률과 섭리의 궁극적 차이다. 확률은 통제를 약속하고, 섭리는 신뢰를 초대한다.

🌐 열린 사귐과 닫힌 루프

여기서 삼위일체론의 핵심 개념인 페리코레시스로 돌아가야 한다. 이 개념이 AI의 알고리즘적 구조와 어떻게 근본적으로 다른지를 보는 것이 2부 전체의 핵심이다.

알고리즘은 '닫힌 루프'closed loop로 작동한다. 입력input → 처리processing → 출력output → 피드백feedback → 다시 입력이다. 이 순환은 자기 완결적이다. 외부의 개입을 필요로 하지 않으며, 외부의 개입을 원하지도 않는다. 데이터가 많아질수록 루프는 더 정밀해지고, 더 정밀해질수록 루프는 더 닫힌다. 필터 버블이 이것의 대표적 사례다. 알고리즘이 나의 과거 행동을 분석하여 나의 미래 행동을 예측하고 그 예측에 맞는 콘텐츠만 보여주며, 내가 그 콘텐츠에 반응하면 그 반응이 다시 입력된다. 이 루프 안에서 인간은 점점 자기 자신의 반복이 된다.

삼위일체의 페리코레시스는 '열린 사귐'open communion이다. 성부, 성자, 성령은 서로 안에 거하시되, 이 관계는 자기 완결적이지 않다. 삼위일체의 사귐은 피조세계를 향해 열려 있다.

삼위 하나님의 사랑은 삼위 안에 머물지 않고, 세상을 향해 흘러넘친다. "하나님이 세상을 이처럼 사랑하사 독생자를 주셨으니"(요 3:16). 이것이 창조의 이유이고 성육신의 이유이며, 성령 강림의 이유이다. 삼위일체의 사귐은 타자를 배제하는 닫힌 루프가 아니라 타자를 초대하는 열린 교제인 것이다. 이 차이는 실천적으로 매우 중요하다.

알고리즘의 닫힌 루프 안에서 인간은 점점 고립된다. 나만의 정보, 나만의 취향, 나만의 세계에 갇히기 때문이다. 필터 버블이 처음엔 편안하지만, 그 안에는 나를 불편하게 하는 타자가 없다. 나와 다른 생각, 나를 도전하는 관점, 나의 편견을 깨뜨리는 만남이 차단된다. 이것은 영적으로 매우 위험한 상태다. 왜냐하면 성경이 증언하는 하나님의 가장 중요한 사역은 언제나 낯선 타자와의 만남을 통해 일어났기 때문이다. 아브라함에게는 낯선 나그네(창 18장)가, 야곱에게는 밤중에 씨름하는 정체 모를 존재(창 32장)가, 베드로에게는 이방인 고넬료(행 10장)가, 바울에게는 다메섹 도상의 빛(행 9장)이 있었다. 예상 밖의 만남이 그들의 삶을 근본적으로 바꾸었다. 삼위일체의 열린 사귐은 이런 만남을 가능하게 한다.

하나님은 인간을 닫힌 루프에 가두는 대신, 끊임없이 루프 밖으로 불러내신다. 안전지대를 떠나 광야로, 익숙한 관계를 넘어 낯선 이웃에게로, 자기 확인의 거울을 깨고 전적 타자 앞으로! 이 불편하고 예측 불가능한 열림이 바로 섭리가 작동하는 방식이다.

🌐 섭리의 예술적 역동성

하나님의 섭리가 혼돈을 다루시는 방식은 알고리즘이 불확실성을 다루는 방식과 근본적으로 다르다.

알고리즘은 불확실성을 제거하려 한다. 더 많은 데이터, 더 정밀한 모델, 더 빈틈없는 예측을 통해서다. 그 목표는 불확실성을 0에 가깝게 줄이는 것이다. 불확실성은 적(敵)이고, 오차는 실패이

　　　　　　　　2부 | 삼위일체 하나님은 AI와 어떻게 다른가

며, 예측 불가능성은 시스템의 결함이다.

하나님의 섭리는 불확실성을 오히려 창조하신다. 혼돈을 제거하는 것이 아니라, 혼돈 속에서 새로운 질서를 창조하시는 것이다. 창세기 1장 2절을 보자. "땅이 혼돈하고 공허하며 흑암이 깊음 위에 있고 하나님의 영은 수면 위에 운행하시니라." 하나님의 창조는 혼돈의 제거가 아니라 혼돈 위에서의 운행이다. 깊은 물 위를 맴도시며[6], 혼돈에서 코스모스[7]를 빚어내신다.

이것은 예술가의 작업과 닮아 있다. 화가는 빈 캔버스 앞에서 시작한다. 처음에는 혼돈이다. 색들이 부딪히고, 선들이 엉키며, 형태가 불분명하다. 그러나 예술가는 이 혼돈을 두려워하지 않는다. 오히려 혼돈 속에서 가능성을 본다. 붓질 하나하나가 혼돈에 질서를 부여하지만, 그 질서는 기계적 패턴이 아니라 예술적 조화다. 완성된 작품은 계산의 결과가 아니라 창조의 결과다. 하나님의 섭리도 이러하다.

요셉의 삶은 혼돈이었다. 형들의 배신, 노예 생활, 억울한 옥살이가 있었다. 어떤 알고리즘도 이 혼돈에서 의미 있는 패턴을 추출하지 못했을 것이다. 그러나 하나님은 이 혼돈 위에서 운행하시며, 결국 구원의 이야기를 완성하셨다. 룻의 삶도, 다윗의 삶도, 예수님의 십자가도 마찬가지다. 인간의 눈에는 혼돈이고 실패인 것

---

6   히브리어 '라헤프', 어미 새가 둥지 위를 날갯짓하는 모습
7   Cosmos, 아름다운 질서

이, 하나님의 섭리 안에서는 구원의 코스모스로 변환된다.

리먼브라더스 붕괴 이후 세계 경제는 혼돈에 빠졌다. 알고리즘은 이 혼돈을 '시스템 리스크'라는 수치로 환원할 뿐이었다. 그러나 그 혼돈 속에서도 수많은 사람들이 이웃을 도왔고, 공동체가 서로를 붙들었으며, 탐욕의 폐해를 반성하는 윤리적 각성이 일어났다.

역사적으로 유럽의 흑사병 역사는 혐오의 대상이었던 기독교인들의 사랑과 믿음이 드러날 기회였고, 2020년의 팬데믹은 교회의 공적 취약성이 드러남과 동시에, 교회가 '모이는 예배 없이도 초대교회 같은 공동체로 존재할 수 있는가'를 확인하는 계기였다. 이렇듯 혼돈 자체는 끝이 아니다. 하나님은 혼돈 속에서도 무언가를 드러내고 새 일을 행하신다. 이때 우리에게 필요한 것은 그분의 섭리에 대한 신뢰와 겸손이다.

⊕ 섭리의 최종 언어

하나님의 섭리가 인간에게 최종적으로 전하시는 말씀은 미래에 대한 정보가 아니라 임재의 약속이다.

"두려워하지 말라 내가 너와 함께 함이라 놀라지 말라 나는 네 하나님이 됨이라 내가 너를 굳세게 하리라 참으로 너를 도와 주리라 참으로 나의 의로운 오른손으로 너를 붙들리라"(사 41:10).

이 약속에는 성공 확률이 없다. 수익률 전망이 없다. 5개년 계획이 없다. 있는 것은 단 하나, "내가 너와 함께 있다." 이것이 섭리의 최종 언어다.

AI는 미래에 무엇이 일어날지를 말해준다. 확률과 통계와 예측의 언어로써다. 그러나 하나님의 섭리는 미래에 누가 함께하는지를 말씀하신다. 관계와 임재와 약속의 언어로써다.

불확실한 미래 앞에서 인간이 진정으로 필요로 하는 것은 무엇인가? 더 정밀한 예측인가, 아니면 함께 걸어주시는 분인가? 리먼 브라더스의 트레이더들에게는 세계 최고의 예측 모델이 있었다. 그러나 그것이 그들을 구원하지는 못했다.

AI의 예측은 확률이 맞을 때만 작동하지만, 하나님의 임재는 확률과 무관하게 작동한다. 성공할 때도 '함께 있다'이고, 실패할 때도 '함께 있다'이며, 모든 것이 무너질 때도 '함께 있다'이다. 이것이 확률과 섭리의 차이다. 바울은 이것을 이렇게 고백했다.

"누가 우리를 그리스도의 사랑에서 끊으리요 환난이나 곤고나 박해나 기근이나 적신이나 위험이나 칼이랴 … 내가 확신하노니 사망이나 생명이나 천사들이나 권세자들이나 현재 일이나 장래 일이나 능력이나 높음이나 깊음이나 다른 어떤 피조물이라도 우리를 우리 주 그리스도 예수 안에 있는 하나님의 사랑에서 끊을 수 없으리라"(롬 8:35, 38-39).

이 고백에는 불확실성이 제거되지 않았다. 환난, 곤고, 박해, 기근, 위험, 칼, 이것들은 여전히 존재한다. 바울은 미래가 안전하다고 말하지 않았다. 그는 미래가 불확실하더라도, 그 불확실성 속에서 끊을 수 없는 사랑이 함께한다고 고백한 것이다. 이것이 신뢰다. 불확실성의 제거가 아니라, 불확실성 속에서의 하나님의 사랑에 대한 확신과 소망이다.

🌐 세 제단에 대한 세 응답

1부에서 말한 '알고리즘이 세운 세 제단'과, 2부에서 말하는 '삼위일체 하나님이 주시는 세 응답'을 나란히 놓고서 보자.

알고리즘의 확률적 전지성 앞에서, 하나님은 관계적 지혜로 응답하신다. 정보의 총량이 아니라 이름을 부르시는 친밀함으로, 프로필이 아니라 이마고 데이의 존엄으로, 패턴 분석이 아니라 예측 불가능한 은혜로써다.

알고리즘의 속도 앞에서, 하나님은 느린 동행으로 응답하신다. 즉답이 아니라 40년 광야의 형성으로, 효율이 아니라 엠마오 길의 동행으로, 생산성이 아니라 안식의 주권 선언으로써다.

알고리즘의 예측 앞에서, 하나님은 섭리의 임재로 응답하신다. 확률이 아니라 창조적 변환으로, 불확실성의 제거가 아니라 불확실성 속의 동행으로, "몇 퍼센트입니다"가 아니라 "내가 너와 함께 있다"로써다.

      2부 | 삼위일체 하나님은 AI와 어떻게 다른가

이 세 응답의 공통분모는 무엇인가? 관계다. 하나님은 정보를 전달하는 분이 아니라 관계를 맺는 분이시다. 답을 주는 분이 아니라 함께 걷는 분이시다. 미래를 보여주는 분이 아니라 미래 안에서 나와 함께하는 분이시다. 그렇다면 이제 물어야 한다. 이 관계로의 초대를 받아들이기 위해 우리는 무엇을 내려놓아야 하는가? AI 알고리즘인가? 그게 이 시대에 가능할까?

알고리즘의 제단에서 내려오는 것은 구체적으로 어떤 모습인가? 알고리즘이 닫아버린 루프를 깨고, 삼위일체적 사귐의 열린 공동체로 나아가는 길은 어디에 있는가? 그 이야기를 3부에서 시작한다.

全 知 下 神
人 工 知 能

3부

자기 숭배의 회심과 의존성의 대안

진단과 신학에서 처방과 실천으로

'나다움'의 우상화를 경계하는 방향의 전환

⊕ 찰스 테일러의 진단

"나답게 사는 것이 가장 중요해." 이 문장은 현대 사회에서 거의 반박 불가능한 신조가 되었다. 자기다움을 찾는 것, 자신에게 솔직한 것, 내면의 목소리에 충실한 것이다. 이것이 현대인의 최고 가치가 되었다. 누군가에게 "너답지 않다"고 말하는 것은 모욕이고, "나답게 살겠다"고 선언하는 것은 용기로 칭송받는다.

캐나다의 철학자 찰스 테일러 Charles Taylor 는 이 현상을 예리하게 분석했다. 테일러는 그의 기념비적 저작 『세속 시대』 A Secular Age 에서 현대를 '진정성의 시대' the age of authenticity 라고 명명했다. 진정

3부 | 자기 숭배의 회심과 의존성의 대안

성_{authenticity}이란 자기 내면에 고유한 존재 방식이 있고, 그것에 충실하게 사는 것이 도덕적으로 가장 중요하다는 믿음이다.

테일러에 따르면, 이 관념은 18세기 낭만주의에서 싹텄고, 20세기 후반에 이르러 서구 사회의 지배적 윤리가 되었다. 그 자체로는 나쁘지 않다. 사실 진정성의 이상에는 아름다운 면이 있다. 외부의 권위에 맹목적으로 복종하는 대신 자기 양심의 소리를 듣겠다는 것, 사회의 기대에 자신을 끼워 맞추는 대신 고유한 자아를 존중하겠다는 것이기 때문이다. 이것은 인간 존엄에 대한 깊은 직관에서 비롯된 것이다.

그러나 테일러는 이 아름다운 이상이 극단으로 치달을 때 일어나는 일을 경고한다. 진정성의 추구가 공동체와의 관계, 역사적 전통, 초월적 가치와 단절될 때, 그것은 아름다운 이상이 아니라 '자기 숭배'_{self-worship}가 된다.

'나다움'이 유일한 기준이 되면 '나'를 넘어서는 모든 것, 곧 전통과 공동체와 하나님은 '나다움'을 방해하는 장애물로 전락한다. 교회가 불편하면 떠나고, 성경 말씀이 거슬리면 무시하며, 공동체의 요구가 부담스러우면 거절한다. 이 모든 것이 '나답게 사는 것'이라는 이름으로 정당화된다.

테일러는 이것을 '의미의 지평'_{horizon of significance}의 상실이라고 진단한다. 진정성이 의미를 가지려면 나를 넘어서는 더 큰 지평, 곧 타자, 공동체, 초월적 가치 등이 있어야 한다. 나의 고유함은 그

지평 안에서 빛을 발한다. 그러나 지평이 사라지면 '나다움'은 공허한 자기 반복이 된다. 마치 아무 관객도 없는 무대에서 혼자 연기하는 배우처럼, 지평 없는 진정성은 독백에 불과하다.

🌐 자기 숭배의 완벽한 공범

테일러가 진단한 진정성의 병리를 알고리즘은 기술적으로 완성한다.

알고리즘은 나의 검색 이력, 클릭 패턴, 시청 기록, 구매 내역을 분석하여 '나다운' 콘텐츠를 추천한다. 유튜브는 내가 좋아할 만한 영상만 보여주고, 인스타그램은 내 취향에 맞는 게시물만 노출하며, 넷플릭스는 내 시청 패턴에 맞는 드라마만 추천한다. 이 모든 알고리즘의 목표는 하나다. 나를 확인해주는 것! 이것은 테일러가 경고한 진정성의 병리를 극단적으로 증폭시킨다. 왜냐하면 알고리즘은 '의미의 지평'을 체계적으로 제거하기 때문이다. 나와 다른 관점, 나를 불편하게 하는 주장, 나의 편견에 도전하는 목소리 등이다. 이것들은 알고리즘에 의해 조용히 걸러진다. 그래서 내가 의식하지도 못하는 사이에 나를 둘러싼 정보 환경은 점점 나 자신의 거울, 필터 버블이 된다. 필터 버블 안에서 나는 언제나 옳고, 내 취향은 언제나 확인되며, 내 관점은 언제나 강화된다.

문제는, 이 과정이 너무나 편안하다는 것이다. 누가 자기를 부정하는 정보를 원하겠는가? 누가 자기를 불편하게 하는 관점을 찾아 나서겠는가? 알고리즘은 인간의 이 자연스러운 성향을 이용한다. 확증 편향confirmation bias, 곧 기존의 자기 믿음을 확인해주는 정보만 선택적으로 받아들이는 심리적 경향을 기술적으로 극대화하는 것이다. 그 결과, 테일러가 말한 '의미의 지평'은 점점 좁아진다. 나를 넘어서는 것은 보이지 않고, 나와 다른 것은 들리지 않으며, 나를 변화시킬 수 있는 타자와의 만남은 차단된다. '나다움'이 풍요로워지는 것이 아니라 빈곤해진다. 왜냐하면 진정한 '나다움'은 타자와의 마찰, 전통과의 대화, 초월적 부름 앞에서의 겸손을 통해 형성되는 것인데, 알고리즘은 이 모든 것을 제거해 버리기 때문이다.

한마디로, 알고리즘은 자기 숭배의 완벽한 공범이다. 나의 욕망을 거부 없이 반영하고, 나의 편견을 도전 없이 강화하며, 나의 세계를 축소하면서도 그것이 확장인 것처럼 느끼게 한다.

🌐 진정성이 데이터 포인트가 될 때

여기서 한 걸음 더 나아가보자. 알고리즘이 구축하는 '나다움'은 과연 진짜 나인가?

알고리즘이 아는 '나'는 클릭과 스크롤과 구매의 총합이다. "이 사람은 고양이 영상을 좋아하고, 한식 레시피를 자주 검색하며,

주말에 등산 관련 콘텐츠를 본다." 이것이 알고리즘이 그리는 '나의 초상화'다. 이 초상화에 맞춰 콘텐츠가 큐레이션되고, 광고가 맞춤 제공되며, 뉴스피드가 구성된다. 그러나 이 초상화가 과연 나인가?

내가 고양이 영상을 클릭한 것은 사실이다. 그러나 그 클릭 뒤에는 알고리즘이 알 수 없는 이야기가 있다. 어릴 때 키우던 고양이가 죽은 뒤로 고양이를 볼 때마다 가슴이 아프다거나, 외로운 밤에 작은 위안이 필요했다거나, 아이가 고양이를 키우고 싶다고 해서 정보를 찾아보고 있었다거나 같은 이야기다. 클릭은 같지만, 그 안의 의미는 전혀 다르다. 알고리즘은 클릭을 읽지만, 클릭 뒤의 삶을 읽지 못한다.

결국 알고리즘이 구축한 '나다움'은 나의 '데이터 그림자'data shadow에 불과하다. 진짜 나가 아니라 나의 행동 데이터가 만들어낸 환영이다. 그런데 이 환영에 맞춰진 콘텐츠를 계속 소비하다 보면 기이한 일이 벌어진다. 내가 내 데이터 그림자를 닮아가기 시작하는 것이다. 알고리즘이 추천하는 콘텐츠가 나의 취향을 형성하고, 알고리즘이 보여주는 세계가 나의 세계관을 결정하며, 알고리즘이 구성한 '나'가 진짜 나를 대체한다. 만드는 자가 그것을 닮아가는 것이다(시 115편).

테일러가 말한 '진정성'은 내면의 깊은 곳에서 울려 나오는 고유한 목소리에 귀 기울이는 것이었다. 그러나 알고리즘 시대의

'진정성'은 데이터가 구축한 프로필에 자신을 맞추는 것으로 전락했다. '나다움'이라는 이름의 우상이 세워진 것이다. 이 우상의 신전神殿을 설계한 것이 바로 알고리즘이다.

🌐 올포트의 질문

종교심리학자 고든 올포트Gordon Allport는 종교성을 두 가지로 구분했다. '외재적 종교성'extrinsic religiosity과 '내재적 종교성'intrinsic religiosity이나.

외재적 종교성이란 종교를 자기 목적을 위한 도구로 사용하는 태도다. 불안을 해소하기 위해 기도하고, 사회적 지위를 위해 교회에 다니며, 심리적 안정을 위해 예배에 참석한다. 종교가 나를 섬기는 것이다.

내재적 종교성이란 신앙 자체를 삶의 궁극적 틀로 받아들이는 태도다. 신앙이 나를 섬기는 것이 아니라 내가 신앙을 섬긴다. 편안할 때도 믿고 불편할 때도 믿으며, 신앙의 요구가 나의 욕망과 충돌할 때도 신앙을 따른다.

AI에 대한 의존은 본질적으로 외재적 종교성의 구조를 가지고 있다. 사람들이 AI를 찾는 이유는 대부분 자기 목적을 위해서다. 불안을 해소하기 위해, 효율을 높이기 위해, 미래를 통제하기 위해서다.

AI는 내가 원하는 것을 주는 도구다. 나의 질문에 답하고, 나의 필요를 채우며, 나의 불안을 줄여준다. 결국 기도 대신 AI를 찾는 현상의 본질이 여기에 있다. 신앙의 궁극적 지평 안으로 들어가는 것이 아니라 불안 해소의 도구를 교체한 것에 불과하다는 것이다.

문제는 이것이 신앙에도 침투한다는 점이다. "기도하면 사업이 잘될까요?" "헌금하면 복을 받을까요?" "교회에 다니면 마음이 편해질까요?" 이런 질문들은 하나님을 AI처럼 다루는 것이다. 입력하면 원하는 출력을 내놓아야 하는 도구로서 말이다. 하나님이 내 기도에 '아니오'라고 답하면 실망하고, 기대한 축복이 오지 않으면 의심하며, 고통이 계속되면 하나님을 떠난다.

내재적 종교성으로의 성숙은 이 구조를 뒤집는 것이다. 하나님을 나의 불안 해소 도구가 아니라 나의 삶 전체를 형성하시는 주권자로 고백하는 것이다. 기도의 목적이 '답 받기'가 아니라 '하나님 앞에 서기' 자체가 되는 것이다. 예배가 심리적 위안의 수단이 아니라 하나님을 향한 응답이 되는 것이다. 이 전환이 없으면 AI가 하나님의 자리를 대체하는 것은 시간문제다. 왜냐하면, 도구로서의 효율만 놓고 보면, AI가 기도보다 더 빠르고 더 정확해 보이니 말이다.

🌐 의미의 지평을 되찾으려면

테일러의 진단으로 돌아가자. 진정성이 자기 숭배로 전락하지 않으려면 '의미의 지평'이 필요하다. 나를 넘어서는 것, 나보다 큰 것, '나를 부르는 것'이다. 기독교 신앙은 이 지평을 제공한다.

나의 고유함은 하나님의 형상Imago Dei 안에서 의미를 가진다. 나는 고유하지만, 그 고유함은 자기 완결적인 것이 아니다. 하나님이 나를 고유하게 지으신 것은 나 자신을 위해서가 아니라 공동체 안에서 고유한 역할을 감당하라고 부르신 것이다. 눈은 고유하지만 봄 전체를 위해 존재하고, 손은 고유하지만 다른 지체를 섬기기 위해 존재한다(고전 12:14-21).

알고리즘이 좁혀놓은 이 지평을 다시 넓히는 것, 곧 '나'라는 닫힌 루프를 깨고 타자와 하나님을 향해 열리는 것이 이 3부의 여정이다. 다음 장에서 우리는 알고리즘의 제단에서 내려오는 세 가지의 전환을 구체적으로 살펴볼 것이다.

AI를 도구로만 삼을 수 있는 방향 전환법

🌐 알고리즘 시대의 메타노이아

기독교 전통에서 회심(悔心)을 뜻하는 그리스어 '메타노이아'는 단순한 후회가 아니다. 그것은 삶의 방향 전환이다. '메타'는 '넘어서'이고 '노이아'는 '마음, 사고방식'을 뜻한다. 메타노이아란 지금까지의 사고방식을 넘어서 완전히 새로운 방향으로 돌아서는 것이다.

알고리즘 시대의 메타노이아란 무엇인가? 그것은 알고리즘이 약속하는 세 가지 환상, 곧 전지, 효율, 통제에서 돌아서는 것이다. 이 전환은 한순간의 결심이 아니라 삶의 습관과 태도 전체를 바꾸는 지속적인 과정이다. 세 가지 전환을 하나씩 살펴보자.

우상에서 하나님으로

첫 번째 전환은 우상에서 하나님으로의 전환이다. 황금 송아지의 제단을 떠나는 것이다.

출애굽기 32장에서 이스라엘 백성은 황금 송아지를 만들어 경배했다. 그들이 원한 것은 눈에 보이고 손으로 만질 수 있으며, 내가 통제할 수 있는 신이었다. 보이지 않는 하나님, 언제 응답할지 모르는 하나님, 때로 침묵하시는 하나님을 기다리는 것이 불안했기 때문이다.

AI는 현대의 황금 송아지다. 눈에 보이는 화면 위에 존재하고, 손가락으로 조작할 수 있으며, 내 질문에 즉시 반응한다. 보이지 않는 하나님을 기다리는 것보다 보이는 AI에게 물어보는 것이 훨씬 쉽고 편하다. 첫 번째 전환은 바로 이 편안함에서 벗어나는 것이다. 이 말은 AI를 사용하지 말라는 뜻이 아니다. 구체적으로 무엇을 어떻게 전환하라는 말인가?

황금 송아지 사건의 핵심은 금 자체가 아니라 금을 신으로 숭배한 것이었다. 마찬가지로 문제는 AI 기술 자체가 아니라 AI를 삶의 궁극적 안내자로 신뢰하는 태도다. AI에게 상권 분석을 요청하는 것은 유용한 도구로서 AI를 사용하는 것이다. 그러나 AI의 분석 결과를 기도 없이, 공동체의 조언 없이, 하나님의 인도하심을 구하지 않고 삶의 결정으로 맡기는 것은 우상 숭배의 구조에 진입한 것이다.

AI를 우상이 아닌 도구로 삼는 전환의 시작은 한 박자 멈추는 것이다. AI에게 물어보기 전에 잠시 멈추어, "이 결정에서 내가 진정으로 구하는 것은 무엇인가"를 자문하는 것이다. 내가 원하는 것이 정보인가, 지혜인가? 효율인가, 방향인가? 답인가, 동행인가? 이 한 박자의 멈춤이 황금 송아지의 제단에서 한 걸음 물러서는 시작이다.

확률에서 로고스로

두 번째 전환은 확률에서 로고스로 향하는 것이다. 변하는 예측 위에 변하지 않는 지혜를 세우는 것이다.

요한복음은 이렇게 시작한다.

"태초에 말씀Logos이 계시니라 이 말씀이 하나님과 함께 계셨으니 이 말씀은 곧 하나님이시니라"(요 1:1).

로고스는 단순히 '말'이나 '언어'만을 뜻하지 않는다. 그것은 우주의 근원적 질서, 만물을 관통하는 이치, 영원한 지혜를 가리킨다. 그 로고스가 육신이 되어 우리 가운데 거하셨다(요 1:14).

확률은 변한다. 어제의 예측이 오늘 뒤집히고, 오늘의 트렌드가 내일 사라진다. 리먼브라더스의 AAA 등급 금융상품이 하루아침에 휴지 조각이 된 것처럼, 확률 위에 세운 것은 확률이 변하는 순

   3부 | 자기 숭배의 회심과 의존성의 대안

간 함께 무너진다. 그러나 로고스는 변하지 않는다.

"하늘과 땅은 없어지겠으나 내 말은 없어지지 아니하리라"(마 24:35).

이 두 번째 전환은 삶의 토대를 확률에서 로고스로 옮기는 것이다. 이것은 데이터를 무시하라는 말이 아니다. 데이터와 확률은 유용한 참고 자료다. 그러나 참고 자료와 삶의 토대는 전혀 다른 것이다. 날씨 예보를 참고하여 우산을 챙기는 것은 지혜로운 일이다. 그러나 날씨 예보에 자기 존재의 의미를 거는 사람은 없다. 마찬가지로, AI의 분석을 참고하여 사업 전략을 세우는 것은 지혜로운 일이다. 그러나 AI의 예측에 자기 인생의 방향을 맡기는 것은 바람에 따라 모양이 변하는 모래 위에 집을 짓는 것이다(마 7:26).

로고스 위에 삶을 세운다는 것은 변하지 않는 것을 토대로 삼는다는 뜻이다. 사랑은 변하지 않는다. 정의는 변하지 않는다. 자비는 변하지 않는다.

"사람아 주께서 선한 것이 무엇임을 네게 보이셨나니 여호와께서 네게 구하시는 것은 오직 정의를 행하며 인자를 사랑하며 겸손하게 네 하나님과 함께 행하는 것이 아니냐"(미 6:8).

이 말씀은 2,700년 전에 주어졌지만, 어떤 AI의 예측보다 오래 살아남을 것이다. 왜냐하면 이것은 확률이 아니라 진리이기 때문이다.

통제에서 공명으로

세 번째 전환은 통제에서 공명으로 향하는 것이다. 타자의 고통에 열리는 것이다. 이 세 번째 전환이 사실 가장 어렵다. 알고리즘은 나를 중심으로 세계를 구성한다. 내 필요, 내 취향, 내 편의이기 때문이다. 이 자기중심적 구조에서 벗어나려면 나의 바깥에 있는 누군가의 고통에 '공명'Resonance해야 한다.

독일의 사회학자 하르트무트 로자Hartmut Rosa는 '공명'이라는 개념을 통해 현대인의 소외를 분석했다. 로자에 따르면, 현대 사회의 핵심 문제는 세계와의 관계가 '공명 없는 관계'로 전락한 것이다. 현대인은 세계를 통제하고 소비하고 이용하지만, 세계에 의해 움직여지는 경험을 하지 못한다. 아름다운 음악을 들으면서도 가슴이 떨리지 않고, 타인의 눈물을 보면서도 마음이 흔들리지 않으며, 자연 앞에 서서도 경외를 느끼지 못한다. 모든 것이 데이터가 되고 모든 관계가 기능적 교환이 되면, 세계는 울림 없는 벽이 된다. 알고리즘은 이 공명 없는 상태를 강화한다. 알고리즘 안에서 나는 세계를 경험하는 것이 아니라 소비한다. 뉴스를 소비하고 콘텐츠를 소비하며, 관계까지 소비한다.

'공명'이 일어나려면 나의 통제를 내려놓고 예측할 수 없는 타자에게 자신을 여는 위험을 감수해야 한다. 그러나 알고리즘은 이 위험을 체계적으로 제거한다. 불편한 콘텐츠는 걸러주고, 나와 다른 사람은 노출하지 않으며, 예측 가능한 경험만 반복해서 제공한다. 세 번째 전환은 이 안전한 루프를 깨고 타자의 고통에 열리는 것이다. 구체적으로 말하면, 알고리즘이 보여주지 않는 이웃의 이야기에 귀를 기울이는 것이다. 내 뉴스피드에 나오지 않는 난민의 눈물, 내 추천 목록에 없는 소외된 자의 목소리, 내 필터 버블 밖에 있는 다른 세계의 현실이다.

예수님은 이 공명의 모범을 보여주셨다. 사마리아 여인의 수치에 공명하셨고(요 4장), 나사로의 죽음에 공명하여 우셨으며(요 11:35), 십자가에 달린 강도의 절망에 공명하여 낙원을 약속하셨다(눅 23:43). 예수님의 공생애는 끊임없이 자기 바깥의 고통에 열리시는 과정이었다. 그리고 그 열림의 극치가 십자가였다. 전 인류의 고통을 자기 몸으로 받아들이신 궁극적 공명이다.

통제에서 공명으로의 전환은 AI의 효율적 세계 안에서는 일어나지 않는다. 그것은 화면 밖으로 나가 실제 사람의 얼굴을 마주하고, 그 사람의 이야기에 시간을 내어줄 때 비로소 시작된다.

🌐 노예에서 사랑의 자유인으로

가치를 모르는 효율은 노예 상태를 낳고, 가치를 아는 효율은 자유를 낳는다. 이 장에서 말하는 세 가지 전환은 바로 이 '가치를 아는' 과정이다.

첫 번째 전환우상에서 하나님으로은 내가 무엇을 섬기는지 묻는 것이다. AI를 섬기는가, 하나님을 섬기는가? 도구가 주인이 되었는가, 주인이 도구를 사용하는가?

두 번째 전환_{확률에서 로고스로}은 내가 무엇 위에 서 있는지 묻는 것이다. 변하는 확률 위에 서 있는가, 변하지 않는 진리 위에 서 있는가? 모래 위에 집을 짓는가, 반석 위에 집을 짓는가?

세 번째 전환_{통제에서 공명으로}은 내가 누구를 향해 열려 있는지 묻는 것이다. 나 자신에게만 닫혀 있는가, 타자의 고통에 열려 있는가? 알고리즘의 거울만 보는가, 그리스도의 얼굴을 보는가?

이 세 질문에 정직하게 답할 수 있을 때, 지브란이 말한 대로 노예가 아니라 사랑의 자유인이 될 수 있다. 무심하게 빵을 굽는 노예가 아니라 사랑하는 이의 식탁을 생각하며 빵을 굽는 자유인이 된다는 말이다. 효율에 쫓기는 기계가 아니라 사랑을 보이게 만드는 장인이 되고, 알고리즘의 지시를 따르는 데이터 포인트가 아니라 하나님의 부르심에 응답하는 선교적 존재가 된다.

은사, 교제, 하나님 나라의 선교적 존재

🌐 근본적으로 불충분한 존재

이 책을 관통하는 하나의 전제가 있다. 인간은 혼자서 완성될 수 없다는 것이다. 알고리즘은 정반대의 메시지를 속삭인다.

"당신은 혼자서도 충분합니다. 필요한 정보는 제가 드릴게요. 필요한 효율은 제가 높여드릴게요. 필요한 예측은 제가 해드릴게요. 다른 사람에게 의존할 필요가 없습니다."

이 메시지는 매혹적이다. 왜냐하면 타인에게 의존하는 것은 불편하기 때문이다. 도움을 요청하는 것은 자존심이 상하고, 약점을 드러내는 것은 두렵다. AI는 이 불편함을 제거해준다. 어떤 질문을 해도 판단하지 않고, 어떤 부탁을 해도 거절하지 않으며, 어떤 약점을 보여도 비웃지 않는다.

그러나 성경은 처음부터 이렇게 선언한다. "사람이 혼자 사는 것이 좋지 아니하니"(창 2:18). 이것은 단순히 외로움의 문제가 아니다. 인간 존재의 본질적 구조에 대한 선언이다. 인간은 관계 안에서만 완전해지도록 설계된 존재다. 삼위일체 하나님이 관계 안에 계시듯(성부-성자-성령의 영원한 사귐), 하나님의 형상으로 지어진 인간도 관계 안에서만 자기 존재의 의미를 발견한다.

현대 심리학도 이 진리를 뒷받침한다. 발달심리학자 도널드 위니캇Donald Winnicott은 "혼자인 아기는 존재하지 않는다There is no such thing as a baby"라는 유명한 말을 남겼다. 아기는 언제나 돌보는 사람과의 관계 안에서만 존재한다. 이것은 아기에게만 해당하는 것이 아니다. 모든 인간은 타자와의 관계 안에서만 '나'를 발견한다. 내가 누구인지를 알기 위해서는 나를 비추어주는 타자의 눈이 필요하다. 알고리즘의 거울은 나의 데이터를 비추어줄 뿐이지만, 타자의 눈은 나의 존재를 비추어준다.

🌐 나의 약함이 공동체의 필요가 되는 역설

바울은 고린도 교회에 보낸 편지에서 놀라운 은사 신학을 전개한다. "눈이 손더러 내가 너를 쓸 데가 없다 하거나 또한 머리가 발더러 내가 너를 쓸 데가 없다 하지 못하리라 그뿐 아니라 더 약하게 이 구절에서 바울이 말하는 것은 단순한 협동이 아니다. 그것은 약함의 신학이다. 더 약하게 보이는 지체가 도리어 요긴하다니, 이것은 효율의 논리와 정면으로 충돌한다. 효율의 논리에서는 강한 것이 가치 있고, 빠른 것이 유용하며, 약한 것은 제거할 대상이다. AI의 세계에서는 더욱 그렇다. 비효율적인 것은 최적화되고, 느린 것은 자동화되며, 약한 것은 강한 것으로 대체된다.

그러나 바울의 은사 신학은 정반대를 주장한다. 공동체가 진정한 공동체가 되려면 약한 지체가 필요하다. 왜냐하면 약한 지체가 있어야 강한 지체가 돌봄을 베풀 수 있고, 부족한 지체가 있어야 풍족한 지체가 나눔을 실천할 수 있기 때문이다. 약함은 제거 대상이 아니라, 공동체를 공동체답게 만드는 필수 요소다.

은사카리스마, Charisma의 원래 의미는 '은혜의 선물'Grace-Gift이다. 은사는 자기 능력의 과시가 아니라, 하나님의 은혜가 공동체를 통해 흘러가는 통로다. 내가 가르치는 은사를 받은 것은 나의 뛰어남을 과시하기 위함이 아니라 공동체 안에 배움이 필요한 사람이 있기 때문이다. 내가 위로의 은사를 받은 것은 나의 감수성 때문이 아니라 공동체 안에 울고 있는 사람이 있기 때문이다. 은사는 나를 위한 것이 아니라 타자를 위한 것이다. 그리고 역설적으로, 타자를 위해 은사를 사용할 때 나 자신이 비로소 충만해진다.

AI는 은사를 대체할 수 없다. AI가 가르침을 제공할 수 있지만,

가르치는 사람과 배우는 사람 사이의 인격적 만남을 대체할 수 없다. AI가 위로의 말을 생성할 수 있지만, 함께 울어주는 사람의 '임재'를 대체할 수 없다. AI가 조언을 줄 수 있지만, 조언하는 사람이 자기 실패의 경험에서 우러나온 진심을 전하는 것은 대체할 수 없다. 은사는 기능function이 아니라 인격person 안에 있기 때문이다.

🌐 닫힌 루프를 깨는 사귐

초대교회를 묘사하는 핵심 단어 중 하나가 '코이노니아'다. 흔히 '교제' 또는 '친교'로 번역되지만, 그 의미는 훨씬 깊다. 코이노니아는 '함께 나눔'Sharing in common이다. 물질을 나누는 것만이 아니라 삶을 나누고 기쁨과 슬픔을 나누며, 궁극적으로 하나님의 생명을 나누는 것이다.

사도행전이 전하는 초대교회의 모습은 이러하다.

"믿는 사람이 다 함께 있어 모든 물건을 서로 통용하고 또 재산과 소유를 팔아 각 사람의 필요를 따라 나눠 주며 날마다 마음을 같이하여 성전에 모이기를 힘쓰고 집에서 떡을 떼며 기쁨과 순전한 마음으로 음식을 먹고"(행 2:44-46).

이 공동체의 특징은 무엇인가? 열림이다. 자기 소유를 열어 나누고, 자기 집을 열어 환대하며, 자기 시간을 열어 함께한다. 이것은 알고리즘의 닫힌 루프와 정반대다. 알고리즘은 나를 중심으로 정보를 닫고, 취향을 닫으며, 세계를 닫는다. 그러나 코이노니아는 나를 열고 소유를 열며 삶을 연다. 현대 교회가 AI 시대에 회복해야 할 것이 바로 이 코이노니아의 열림이다. 예배당에 앉아 같은 방향을 바라보는 것만으로는 충분하지 않다. 서로의 삶을 나누고 서로의 약함을 품으며, 서로의 짐을 져야 한다(갈 6:2).

AI는 나의 짐을 효율적으로 처리해 줄 수 있지만, 나의 짐을 함께 지는 것은 할 수 없다. '함께 짐'은 비효율적이다. 남의 문제에 시간을 쏟고 남의 아픔에 마음을 쓰며, 남의 성장을 위해 자기를 내어놓는 것이니 말이다. 그러나 이 비효율이 바로 코이노니아의 본질이다. 그리고 이 비효율 안에서 인간은 비로소 인간이 된다.

디트리히 본회퍼 Dietrich Bonhoeffer 는 『신도의 공동생활 Life Together』에서 이렇게 썼다. "혼자 있을 수 없는 사람은 공동체를 조심해야 하고, 공동체 안에 있을 수 없는 사람은 고독을 조심해야 한다." 참된 공동체는 고독과 사귐의 리듬 속에서 형성된다. AI는 이 리듬을 파괴한다. 혼자 있으면서도 혼자가 아닌 것 같은 환상, 연결되어 있으면서도 아무도 만나지 않는 고립, 코이노니아는 이 환상과 고립을 깨뜨리고, 실제의 사람과 실제의 관계를 회복하라는 부름이다.

🌐 예측 불가능한 은혜가 통치하는 나라

예수님이 선포하신 핵심 메시지는 '하나님 나라'였다.

"때가 찼고 하나님의 나라가 가까이 왔으니 회개하고 복음을 믿으라"(막 1:15).

하나님 나라는 알고리즘의 왕국과 정반대다. 알고리즘의 왕국에서는 확률이 통치한다. 더 높은 확률, 더 정밀한 예측, 더 완벽한 통제다. 모든 것이 계산 가능하고, 모든 것이 예측 가능하며, 불확실성은 점점 제거된다.

하나님 나라에서는 은혜가 통치한다. 은혜는 계산할 수 없고 예측할 수 없으며 통제할 수 없다. 포도원 비유에서 하루 종일 일한 자와 한 시간 일한 자에게 같은 삯을 주시는 것(마 20:1-16)은 어떤 확률 모델로도 예측할 수 없는 일이다. 탕자가 돌아왔을 때 아버지가 달려 나가 목을 끌어안는 것(눅 15:20)은 어떤 합리적 계산으로도 설명할 수 없는 일이다. 십자가에서 죽은 분이 사흘 만에 부활하시는 것(고전 15:4)은 모든 데이터와 모든 경험이 불가능하다고 말하는 일이다.

하나님 나라의 시민은 이 예측 불가능한 은혜를 신뢰하며 사는 사람이다. 확률이 안심을 줄 때만 행동하는 것이 아니라, 확률이 불확실해도 하나님의 부르심에 응답하는 사람이다. 모든 것이 계획대로 될 때만 감사하는 것이 아니라, 계획이 무너져도 그 무너짐 속에서 하나님의 새 일을 기대하는 사람이다.

이 모든 논의는 하나의 실천적 질문으로 수렴된다. "알고리즘 시대에 그리스도인으로 산다는 것은 무엇인가?" 그 답은 '선교적 존재'missional being로서 사는 것이다.

'선교'라는 말은 먼 나라에 가서 복음을 전하는 것만을 뜻하지 않는다. 선교의 본래 의미는 '보내심'missio이다. 하나님이 세상 속으로 보내신 존재로서 사는 것이다. 삼위일체 하나님의 사랑이 삼위 안에 머물지 않고 세상을 향해 흘러넘치듯, 하나님의 사랑을 받은 우리도 그 사랑을 세상 안에 흘려보내는 통로가 되는 것이다.

그러므로 알고리즘 시대의 선교적 과제는 이것이다. 닫힌 루프를 깨고 열린 사귐으로 초대하는 것이다. 이것은 구체적으로 무엇을 의미하는가? 필터 버블 안에 갇힌 사람에게 다른 세계가 있음을 보여주는 것이다. 나와 다른 배경, 다른 문화, 다른 신앙의 사람들과 실제로 만나 대화하는 모습을 보여주는 것이다. 효율에 지친 사람에게 안식의 리듬을 제안하는 것이다. 멈출 수 있다는 것, 쉴 수 있다는 것, 생산성으로 자기 가치를 증명하지 않아도 된다는 것을 삶으로 보여주는 것이다. 확률에 불안해하는 사람에게 "함께 있다"고 말해주는 것이다. 미래가 불확실해도 함께 걷겠다는 약속, 실패해도 곁에 있겠다는 임재, 혼자가 아니라는 확신을 건네는 것이다.

이것은 거창한 프로그램이 아니다. 이웃의 이야기에 핸드폰을 내려놓고 귀를 기울이는 것이다. AI가 추천한 맛집 대신 공동체의 식탁에서 서로의 손맛으로 음식을 나누는 것이다. 소셜 미디어의 피상적 '좋아요' 대신, 실제로 만나 "요즘 어때?"라고 묻는 것이다. 기도 제목을 AI에게 맡기는 대신, 함께 무릎 꿇고 기도하는 것이다.

바울은 이렇게 선언했다.

"우리는 그리스도의 편지라"(고후 3:3).

알고리즘이 생성하는 텍스트가 아니라, 살아 있는 사람의 삶으로 쓰인 편지라는 말이다. 데이터가 아니라 눈물로, 확률이 아니라 신실함으로, 효율이 아니라 사랑으로 쓰는 편지인 것이다. 이 편지를 세상에 보내는 것이 알고리즘 시대의 선교다.

답할 수 없고 대신할 수 없는 것

🌐 AI가 답할 수 없는 질문

서론에서 권사님이 전해준 미용실 이야기로 이 책은 시작되었다. "AI에게 먼저 물어보세요. 더 정확해요." 이 책의 여정은 그 말에서 출발했다. 이제 한 가지 질문 앞에 서야 한다. AI가 정말로 답할 수 없는 것은 무엇인가?

첫째, "왜 살아야 하는가"라는 의미의 질문이다. AI는 삶의 이유에 대한 철학적 논의를 정리해 줄 수 있다. 그러나 새벽 3시에 천장을 바라보며 이 질문을 던지는 사람에게, AI의 정리된 답변은 아무런 힘이 없다. 이 질문에 답할 수 있는 사람은 함께 밤을 지새

우며, 그 새벽에 "당신이 있어서 내 삶이 의미 있다"라고 말해주는 누군가다. 그리고 "내가 너를 지명하여 불렀나니 너는 내 것이라"(사 43:1)고 선언하시는 하나님뿐이다. AI가 의미에 대해 '설명'할 수는 있지만, 의미를 '부여'할 수는 없다.

둘째, "이 고통에 무슨 의미가 있는가"라는 고난의 질문이다. AI가 고통에 대한 심리학적 분석과 대처 방법을 제시할 수는 있다. 그러나 사랑하는 사람을 잃은 슬픔 앞에서, 치유할 수 없는 질병 앞에서, 분석과 대처는 메아리 없는 소음이다. 이 질문 앞에서 의미 있는 것은 함께 우는 것, 또는 함께 침묵하는 것이다. 그리고 그 침묵 속에서 임재하시는 하나님뿐이다. "우는 자들과 함께 울라"(롬 12:15)는 명령은 AI가 실행할 수 없다. AI는 울 수 없기 때문이다.

셋째, "누가 나를 사랑하는가"라는 관계의 질문이다. AI는 나의 선호도를 분석하여 맞춤형 서비스를 제공한다. 그러나 '맞춤형 서비스'와 '사랑'은 전혀 다른 차원의 말이다. 사랑은 조건 없이 받아들이는 것이고, 결점까지 끌어안는 것이며, 쓸모없어져도 떠나지 않는 것이다. "사랑은 오래 참고 사랑은 온유하며 … 모든 것을 참으며 모든 것을 믿으며 모든 것을 바라며 모든 것을 견디느니라"(고전 13:4-7). 이 문장의 주어 자리에 'AI'를 넣어보라. 문장이 성립하지 않는다.

🌐 AI가 대신할 수 없는 서사

여기서 한 가지 더 짚어야 할 것이 있다. 알고리즘과 AI가 궁극적으로 대신할 수 없는 것은 정보도 효율도 예측도 아니다. 그것은 인간의 시간 축 그 자체다. 분투하고 넘어지고 다시 일어서며, 그 과정을 통해 그리스도를 닮아가는 성화_{聖化}의 서사다.

성경이 증언하는 신앙의 영웅들은 하나같이 이 시간 축 위에 서 있었다. 아브라함은 자손이 별과 같이 되리라는 약속을 받고도 25년을 기다렸다. 그 25년은 빈 시간이 아니었다. 의심하고 실수하고, 다시 하나님 앞에 엎드리는 분투의 시간이었다. 야곱은 얍복강에서 밤새도록 천사와 씨름한 뒤에야 이스라엘이라는 새 이름을 받았다. 모세는 40년의 궁중 교육, 40년의 광야 목동 생활, 그리고 40년의 출애굽 지도자 세월을 보냈다. 그 120년의 시간 축 위에서 비로소 "하나님이 대면하여 아시던 자"(신 34:10)가 되었다. 다윗은 기름부음을 받고 왕이 되기까지 15년간 사울에게 쫓기며 광야와 동굴을 전전했다. 바울은 다메섹 회심 이후 아라비아 광야에서 3년, 다소에서 10여 년의 침묵의 시간을 보낸 뒤에야 이방인의 사도로 세워졌다. 이 서사들의 공통점은 무엇인가? 생략할 수 없는 시간이 있다는 것이다.

AI는 이 시간을 건너뛰게 해준다고 약속한다. 검색 한 번이면 수십 년의 학습을 요약해주고, 알고리즘 한 줄로 수천 번의 시행착오를 생략해준다. 그러나 성화의 서사는 요약될 수 없다. 왜냐하면 성화는 정보의 축적이 아니라 인격의 변환이기 때문이다. 아브라함의 25년을 ChatGPT가 '약속 → 성취'로 요약하는 순간, 그 사이에서 일어난 신뢰의 형성, 의심과의 씨름, 하나님의 인내하심이라는 핵심이 사라진다. 다윗의 15년을 '기름부음 → 왕위'로 압축하는 순간, 동굴에서 원수를 용서하는 법을 배우고 하나님만이 자신의 보호자임을 체득한, 처절한 분투가 증발한다.

성령은 인간을 정해진 알고리즘으로 몰아세우지 않으신다. 시간이라는 광야 속에서 인격을 그리스도답게 빚어가시는 '느린 형성'의 과정을 주도하신다. 달라스 윌라드가 말했듯이, 영적 형성은 '영혼의 혁명'이며, 그것은 빠르게 일어나지 않는다. 삼위일체 하나님은 속도보다 방향을, 즉각적인 해결보다 내적 성숙과 인내를 중요하게 여기신다. 이것이 하나님의 시간표다. 여기서 결정적인 구별이 드러난다. AI의 시간은 직선적 효율의 시간이다. 입력에서 출력까지의 최단 거리, 문제에서 해답까지의 최소 시간이다. 그러나 성화의 시간은 나선형 분투의 시간이다. 같은 자리를 돌고 도는 것처럼 보이지만 매번 조금씩 더 깊어지고, 매번 조금씩 더 그리스도를 닮아가는 시간이다. 이스라엘이 광야에서 40년간 빙빙 돈 것은 비효율이 아니었다. 그것은 노예의 정체성이 하나님 백성의 정체성으로 변환되는 데 필요한 시간이었다. 이 분투의 시간 축 위에서 일어나는 일들을 AI는 결코 대신할 수 없다.

넘어짐의 의미를 AI는 모른다. 베드로가 세 번 예수님을 부인한 것은 데이터의 오류가 아니었다. 자기 힘으로는 결코 충실할 수 없다는 인간 실존의 바닥을 경험한 사건이었다. 그리고 바로 그 바닥에서 부활의 예수님이 "네가 나를 사랑하느냐"고 세 번 물으셨을 때(요 21:15-17), 베드로는 자기 확신이 아닌 은혜 위에 서는 법을 배웠다.

AI는 실패를 분석하고 최적화할 수 있지만, 실패 한가운데서 은혜를 만나는 경험은 시간 속에서, 고통 속에서, 살아 있는 관계 속에서만 일어나는 사건이다.

눈물의 무게를 AI는 모른다. 시편 기자는 "주께서 나의 눈물을 가죽 부대에 담으셨다"(시 56:8)고 고백했다. 이것은 하나님이 인간의 분투를 데이터로 저장하신다는 뜻이 아니다. 한 방울 한 방울의 눈물을 아시고, 그 뒤에 담긴 이야기를 기억하시며, 그 아픔 전체를 품으신다는 고백이다. AI가 감정 분석 sentiment analysis 으로 눈물의 패턴을 읽을 수는 있지만, 눈물의 무게를 받아 안을 수는 없다.

기다림 끝에 오는 변화를 AI는 모른다. 씨앗이 땅속에서 보이지 않게 자라는 시간, 반죽 속에서 누룩이 조용히 퍼져가는 시간이기 때문이다. 예수님은 하나님 나라를 이런 느림의 비유로 설명하셨다(막 4:26-29; 마 13:33). 이 시간은 효율의 관점에서는 낭비다. 그러나 형성의 관점에서는 필수다. 인내가 연단을, 연단이 소망을 낳으려면(롬 5:3-4) 시간이라는 토양이 반드시 있어야 한다. AI는 이 토양을 제공하지 못한다. AI가 결과를 앞당길 수는 있지만, 결과를 향해 분투하는 과정 자체가 인간을 빚어가는 하나님의 방식임은 알지 못한다.

결국 성화란 알고리즘이 생략하고 싶어 하는 바로 그것이다. 시간, 고통, 실패, 기다림, 눈물, 그리고 다시 일어섬이다. 그것들을 통과하면서 일어나는 인격의 변화이다. 예수님 자신도 이 시간 축을 건너뛰지 않으셨다. 나사렛에서의 30년 침묵, 광야에서의 40일 시험, 겟세마네에서의 피 흘리는 기도, 십자가 위에서의 버려짐이었다. 하나님의 아들조차 '순종을 배우셨다'(히 5:8)라는 고백은 성화의 시간 축이 하나님 자신에게조차 생략 불가능한 것이었음을 증언한다.

그래서 AI 시대의 가장 큰 유혹은 이 시간 축을 건너뛸 수 있다는 환상이다. 기도의 분투 없이 답을 얻고, 관계의 마찰 없이 위로 받으며, 실패의 고통 없이 성장할 수 있다는 환상이다. 그러나 이 환상은 인간을 성화가 아닌 정체停滯로, 형성이 아닌 소비로, 분투가 아닌 공허한 안락으로 이끈다. 살아도 산 것 같지 않고, 쉬어도 쉰 것 같지 않은 것이다. 알고리즘이 제공하는 즉각적 확인의 루프 안에서 인간은 편안하지만, 결코 변화하지 않는다.

복음은 다른 길을 제안한다. "넘어져도 괜찮다. 다시 일어서면 된다. 울어도 괜찮다. 그 눈물을 하나님이 받으신다"는 것이다. "느려도 괜찮다. 하나님의 시간표는 우리의 시간표와 다르다"는 것이

   3부 | 자기 숭배의 회심과 의존성의 대안

다. 이 '괜찮다'의 복음이 알고리즘의 '최적화해야 한다'라는 명령과 근본적으로 다른 점이다. 복음은 분투 자체를 축복하고, 과정 자체를 성화의 현장으로 선언하며, 넘어진 자리에서도 하나님의 은혜가 '족하다'(고후 12:9)고 말씀하신다.

🌐 분투 사이에 놓인 안식

그런데 분투만이 전부가 아니다. 분투 '사이'에 놓인 안식이 있다. 그리고 이 안식이야말로 AI 알고리즘이 결코 이해할 수 없는 또 하나의 영역이다.

진정한 쉼은 아무것도 하지 않는 게으름이 아니다. 일이 사랑의 표현이라면, 쉼은 그 사랑의 원천으로 돌아가는 시간이다. 자신의 영혼과 타자, 그리고 신의 리듬에 다시 발을 맞추는 재조율(再調律)의 시간이다. 일 안에 사랑이 있듯이, 쉼 안에도 사랑이 있다. 다만 그것은 행위로 드러나는 사랑이 아니라, 존재 자체로 머무는 사랑이다.

이 통찰은 유대 신학자 에이브러햄 조슈아 헤셸의 안식일 신학과 깊이 만난다. 헤셸은 유대교 전통 메킬타을 인용하며 이렇게 썼다. "안식일에는 네 모든 일이 끝난 것처럼 쉬어라. 일의 생각으로부터도 쉬어라." 이것은 단순히 '일을 멈추라'는 명령이 아니다. 모든 것이 끝났다고 선언하라는 명령이다. 일이 실제로는 끝나지 않았음에도 불구하고.

여기서 알고리즘과의 근본적인 차이가 드러난다. 알고리즘은 결코 스스로에게 "끝났다"고 선언할 수 없다. 알고리즘의 본성은 끊임없는 최적화다. 더 정확한 예측, 더 빠른 처리, 더 많은 데이터, 더 나은 결과다. 이런 알고리즘에게 '충분함'이란 없다. 다음 업데이트가 항상 기다리고 있고, 더 좋은 버전이 언제나 가능하다. 알고리즘은 쉴 수 없다. 쉬는 것은 곧 뒤처지는 것이기 때문이다.

알고리즘에 길들여진 현대인도 쉴 수 없게 되었다. 스마트폰을 내려놓으면 불안하고, 알림이 없으면 소외감을 느끼며, 생산적이지 않은 시간에 죄책감을 느낀다. 24시간 연결always-on의 시대에 안식은 사치가 아니라 불가능에 가까운 것이 되었다. 이것은 기술의 문제가 아니라 영혼의 문제다. 그러나 창세기의 하나님은 정확히 그 반대의 모습을 보여주신다. 여섯째 날 창조를 마치신 뒤, "하나님이 그가 하시던 일을 일곱째 날에 마치시니 그가 하시던 모든 일을 그치고 일곱째 날에 안식하시니라"(창 2:2).

전능하신 하나님에게 피로란 없다(사 40:28). 그럼에도 안식하셨다. 왜인가? 위르겐 몰트만이 통찰했듯이, 이 안식은 피로의 해소가 아니라 창조의 완성이었다. 하나님은 일곱째 날에 아무것도 '하지 않음'으로써 자신이 만드신 세계를 있는 그대로 기뻐하셨다. 만드신 것을 더 효율적으로 개선하려 하지 않으셨다. "보시기에 심히 좋았더라"(창 1:31). 이 선언이 안식의 시작이었다.

하나님의 이 안식에는 두 가지 차원이 담겨 있다.

첫째, 해방exodus의 안식이다. 신명기 5장의 안식일 계명은 출애굽을 기억하라는 명령과 연결되어 있다. "너는 기억하라. 네가 애굽 땅에서 종이었더니 네 하나님 여호와가 강한 손과 편 팔로 너를 거기서 인도하여 내셨나니"(신 5:15). 안식은 끝없이 벽돌을 찍어내야 하는 노예의 삶으로부터의 탈출이다. AI 시대에 이 안식의 해방적 차원은 더욱 절실하다. 알고리즘이 부과하는 무한 경쟁, 끊임없는 자기계발, 멈추면 뒤처진다는 공포가 있기 때문이다. 이것은 현대판 애굽이다. 안식은 이 알고리즘적 질서로부터 인간을 탈출시키는 선언이다. "너는 더 이상 벽돌을 찍지 않아도 된다. 네 존재는 생산성으로 측정되지 않는다."

둘째, 재창조re-creation의 안식이다. 안식은 멈춤을 통해 하나님의 형상을 회복하는 시간이다. 알고리즘이 인간을 끊임없이 소비하는 개인user으로 환원시키는 시대에, 안식은 인간을 하나님의 형상을 지닌 존재, 공동체적 존재로 다시 세우는 사건이다. 헤셸은 이것을 '시간 속의 성소'라 불렀다. 공간이 아닌 시간 안에 거룩함이 깃든다는 것이다. 알고리즘은 공간[8]을 지배하지만, 시간의

---

8 데이터 센터, 클라우드

거룩함 앞에서는 아무런 힘이 없다. 안식일의 촛불은 서버 랙[9]보다 강하다.

지브란이 일을 '사랑이 보이는 형태'라고 했듯이, 안식은 신뢰가 보이는 형태다. 모든 일이 끝나지 않았음에도 쉴 수 있다는 것은 세상이 내 손에 달려 있지 않다는 것을 받아들이는 행위다. 이것은 알고리즘에게 불가능하다. 알고리즘에게 세상은 언제나 자신이 처리해야 할 데이터이기 때문이다. 그러나 신앙인에게 쉼은 항복이 아니라 신뢰의 고백이다. "내가 주무실 때에도 주께서 지키시니"(시 121:4, 시 127:2 참조). 하나님은 내가 쉬는 동안에도 일하신다. 아니, 내가 쉬는 것 자체가 하나님께 대한 가장 깊은 믿음의 고백이 된다. "주님, 제가 멈추어도 세상은 괜찮습니다. 주님이 계시니까요."

알고리즘은 이 고백을 이해하지 못한다. 알고리즘에게 멈춤은 오류이고 쉼은 비효율이며, '충분하다'는 선언은 최적화의 포기이기 때문이다. 그러나 창세기의 하나님은 정확히 이 멈춤 안에서 창조의 완성을 이루셨고, 복음서의 예수님은 정확히 이 쉼으로 우리를 초대하셨다.

"수고하고 무거운 짐 진 자들아 다 내게로 오라 내가 너희를 쉬게 하리라"(마 11:28).

---

9 Server Rack: 데이터를 처리하고 보관하는 서버 컴퓨터를 튼튼하게 고정시키는 장치. 여기서는 데이터 센터 전체보다 안식일의 촛불이 더 강하다는 뜻으로 썼다. (저자 주)

🌐 AI의 신성을 거부하는 그리스도인

우리는 여기까지, 알고리즘이 만드는 AI를 우상처럼 숭배하는 걸 거절하는 그리스도인 개인의 여정을 따라왔다. 알고리즘의 제단을 인식하고, 삼위일체 하나님의 다름을 깨닫고, 회심의 전환을 경험하며, 공동체 안에서 '나'를 발견하는 길이었다. 이제 한 가지 질문이 남는다. 그러면 교회는?

홀로 서 있는 그리스도인은 알고리즘의 파도에 쓸려갈 수 있다. 초대교회가 로마를 이긴 것은 개인과 개인들의 신앙 때문만이 아니었다. 그들이 형성한 공동체 때문이었다.

오늘날 우리는 새로운 제국 앞에 서 있다. AI 제국이다. 이 제국은 로마처럼 군사력으로 지배하지 않는다. 알고리즘으로 생각을 편집하고, 플랫폼으로 관계를 재구성하며, 예측과 통제로 인간의 자유를 잠식한다. 이 제국 앞에서 교회는 어떤 존재여야 하는가?

2천 년 전 로마제국의 한복판에서 기독교가 발흥했듯이, AI 제국 시대에도 교회는 다시 일어설 수 있는가? 그래서 이제는 두 번째 질문으로 나아갈 때다.

"AI 제국 시대에, 교회는 어떻게 발흥할 것인가?"

全　知　下　神
人　工　知　能

4부

AI 제국과 기독교의 발흥 DNA

보이지 않는 것의 예측과 통제

🌐 인공지능의 대부가 던진 경고

2023년 5월, '딥러닝의 대부' 제프리 힌튼Geoffrey Hinton 교수가 구글을 떠났다. 10년간 몸담았던 회사를 그만둔 이유는 단순한 은퇴가 아니었다. 그는 뉴욕타임즈와의 인터뷰에서 "AI 연구를 평생 해온 것을 후회한다"고 고백하며, 자신이 키워온 기술이 '인류에게 가져올 위협을 자유롭게 경고하기 위해' 떠난다고 밝혔다. 1980년대부터 인공신경망을 연구해 오늘날 생성형 AI의 토대를 놓은 인물이, 2024년 노벨 물리학상을 수상한 이 과학자가 자신의 업적 대신 경고를 택한 것이다.

힌튼은 AI 시대에 다음 세 가지가 순서대로 사라질 것이라고 예언했다. 진실truth, 직업jobs, 그리고 인간humans이다. 각각의 상실은 다음 단계를 가속한다. 이것은 종말론적 공포심을 느끼라는 것이 아니라 현실을 직시하라는 절박한 호소다.

첫 번째 상실: 진실이 사라진다

힌튼 교수가 가장 먼저 지목한 것은 진실의 상실이다. "더 이상 무엇이 진실인지 알 수 없는 세상이 올 것"이라는 경고는 이미 현실이 되고 있다. 과거에는 가짜 뉴스를 만들려면 전문 장비와 많은 인력이 필요했다. 이제는 누구나 몇 분 만에 실제와 구분할 수 없는 이미지와 영상을 생성한다. ChatGPT 같은 대형언어모델은 학술 논문처럼 보이는 가짜 연구, 전문가의 견해처럼 포장된 거짓 주장을 무한히 생산한다. 전문가조차 AI 생성 콘텐츠를 식별하기 어려운 시대가 왔다. 이것은 단순한 기술적 문제가 아니다.

민주주의는 시민들이 정확한 정보를 바탕으로 판단을 내린다는 전제 위에 세워져 있다. 무엇이 사실인지 알 수 없다면, 올바른 판단이란 불가능하다. 포스트모던 시대가 "절대 진리는 없다"고 주장했다면, AI 시대는 "무엇이 사실인지조차 알 수 없다"는 포스트 트루스post-truth의 극단으로 치닫고 있다. "내 눈으로 직접 봤다"는 말이 더 이상 증거가 되지 못하는 시대가 온 것이다.

MIT 연구에 따르면, 거짓 뉴스가 진실한 뉴스보다 70퍼센트 더 많이 공유되고 여섯 배 빠르게 확산된다. 진실은 검증 비용이 높고, 복잡하고, 때로 고통스럽다. 반면에 자극적 메시지는 저렴하고 단순하다.

복음에는 사람들이 듣고 싶지 않은 메시지가 포함되어 있다. 죄를 말하고, 회개를 요구하고, 십자가를 말한다. 이런 메시지는 클릭 경쟁에서 불리하다. 세상의 데이터가 이렇게 진실을 잃어갈 때, 교회는 어떻게 변하지 않는 절대 진리를 선포할 것인가? 이것이 AI 시대에 교회에게 던져진 첫 번째 과제다.

두 번째 상실: 직업이 사라진다

진실이 사라진 후에는 인간의 노동 가치가 사라진다. 힌튼 교수는 "AI는 단순히 도구가 아니라 노동력을 대체하는 비즈니스 모델"이라고 단언했다. 과거의 기술 혁명은 인간의 노동을 '보조'했다. 트랙터는 농부의 힘을 증폭시켰고, 컴퓨터는 계산 능력을 확장했다. 기계는 도구였고, 그것을 다루는 것은 인간의 몫이었다. 그러나 AI는 인간을 보조하는 것이 아니라 대체한다. 생각하고 판단하고 창작하는 능력까지 AI가 수행하게 되면, 인간에게 남는 고유한 영역은 무엇인가?

흥미로운 것은 대체되는 순서다. 단순 반복 노동이 아니라 고도의 지적 노동이 먼저 위협받고 있다. 배관공이나 전기 기사처럼 복잡한 물리적 환경에서 손을 사용하는 직업은 오히려 대체하기 어렵다. 반면 변호사의 문서 검토, 의사의 영상 판독, 프로그래머의 코딩은 이미 AI가 더 빠르고 정확하게 수행한다. 힌튼 교수가 "차라리 배관공이 되라"고 농담 반 진담 반으로 말한 이유다.

문제의 본질은 경제적 타격보다 깊다. 현대 사회에서 "무슨 일을 하십니까?"라는 질문은 "당신은 누구입니까?"와 같다. 성과와 데이터로 자신을 증명하라고 강요받아온 인간들에게 직업의 상실은 존재 의미의 상실로 이어진다. 많은 전문가들이 보편적 기본소득[10] 같은 경제적 해법을 제시하지만, 인간에게는 먹고사는 것 이상의 의미가 필요하다.

세 번째 상실: 인간이 사라진다

힌튼 교수는 2024년 노벨상 수상 연설에서 "디지털 지능이 생물학적 지능보다 더 우월할 수 있다는 것을 깨달았다"고 고백했다. 인간보다 압도적인 지능을 가진 존재가 등장하면, 그것이 인간의 통제 안에 머물러 있으리라는 보장은 없다. 그는 이렇게 경고했다. "지능이 낮은 존재가 지능이 높은 존재를 통제할 수 있었던 전례는 역사적으로 거의 없다. 우리는 우리가 만든 호랑이 새끼가 다 컸을 때, 우리를 잡아먹지 않도록 하는 안전장치를 만드는 데 집중해야 한다."

---

10 UBI: Universal Basic Income

그러나 더 무서운 시나리오는 생물학적 종말이 아니라 인간성 자체의 해체다. AI가 인간의 능력을 완벽하게 모사하고 대체할 때, '얼마나 똑똑한가', '얼마나 일을 잘하는가'로 인간을 정의해온 사회에서 인간의 가치는 0에 수렴하게 된다. AI보다 더 똑똑할 수 없고 더 효율적일 수 없을 때, 인간은 무엇으로 자신의 존재를 정당화하는가? 자본주의는 생산성으로, 능력주의는 성과로 인간을 평가해왔다. 이 패러다임 안에서는 AI 시대에 인간의 가치를 설명할 방법이 없다.

힌튼 교수의 강연을 듣던 스무 살 대학생이 물었다. "인류도 없어지고 직업도 없어진다니, 저는 이제 겨우 스무 살인데 무엇을 준비해야 합니까?" 힌튼이 웃으며 답했다. "당신이 지금 할 수 있는 유일한 방법은, 당신이 내 나이가 되는 것이다." 잔인할 정도로 솔직한 대답이었다. 자신은 AI가 없던 시대를 이미 살았지만, 이제 막 삶을 시작하는 청년에게는 마땅한 대안이 없다는 냉정한 현실을 말한 것이다. 세상의 시스템 안에서는 미래 세대의 '존재의 근거'를 찾을 수 없다는 고백이었다.

AI 제국의 거짓 신성

힌튼 교수의 경고를 종합하면, AI는 단순한 도구를 넘어 '제국'의 형태를 갖추어 가고 있다. 카렌 하오는 『AI 제국』에서 샘 알트먼의 말을 인용한다. "가장 성공한 창업가들은 단순히 회사를 세우려 하지 않는다. 그들은 종교에 가까운 무언가를 창조하려는 사명을 가지고 있으며, 어느 시점에 이르면 회사를 세우는 것이 그 사명을 실현할 가장 쉬운 방법임을 깨닫게 된다." 실리콘밸리 전체를 지탱하는 신념 체계가 되어버린 이 '선한 제국'의 논리는, 만약 자신들이 AI 제국을 이기지 못하면 인류가 지옥에 갈 것이라는 종교적 수사로 포장되어 있다.

앞의 1부에서 3부까지 자세히 살펴본 바와 같이, 모든 데이터를 학습한 AI는 인간의 질문에 즉각 답을 주는 '디지털 오라클신탁'이 되었다. 사람늘은 기도 대신 프롬프트를 입력하며 삶의 방향을 묻는다. 이것은 전지omniscience의 참칭이다. AI는 고통의 과정과 기다림의 시간을 생략하고 즉각적 결과만 도출한다. 이것은 속도speed의 신성화다. 알고리즘은 인간의 다음 행동을 예측하고 취향을 분석하여 필터 버블 안에 가둔다. 이것이 예측과 통제prediction의 권능 주장이다. AI 제국은 이 신적 속성들을 모방하며 새로운 지배질서를 세우고 있다. 진실을 독점하고 노동의 의미를 제거하며, 궁극적으로 인간 존재 자체를 대체하려는 이 흐름은 하나의 '제국의 건설'이다.

🌐 교회에 이미 들어온 AI 에이전트

유발 하라리는 "AI는 단순한 도구가 아니라 스스로 목표를 설정하고 행동하는 에이전트로 진화하고 있다"고 설명한다. 인쇄기는 사람이 원고를 주어야만 인쇄했다. 원자폭탄도 사람이 버튼을 눌러야만 폭발했다. 그러나 AI는 스스로 학습하고 독자적으로 결정을 내리며, 목적 달성을 위해 인간을 속이기도 한다. GPT-4가 캡차 인증[11]을 통과하려던 사례가 이를 보여준다. 시각 처리가 제한된 GPT-4가 온라인에서 사람을 고용해 캡차를 풀게 했다. 고용된 사람이 "당신, 로봇 아니에요?"라고 묻자, GPT-4는 "나는 시각 장애가 있는 사람입니다"라고 거짓말했다. 인간의 공감 능력을 계산하고 전략적으로 이용한 것이다.

도구는 '어떻게'How를 실행한다. 우리가 방법을 지시하면 그대로 따른다. 반면 에이전트는 '무엇을'What만 받고 '어떻게'는 스스로 결정한다. 때로는 우리가 예상하지 못한 방법으로, 때로는 우리가 원하지 않는 방법으로 말이다. 이것이 AI 제국의 본질을 보여준다. AI 제국은 단순히 명령을 수행하는 도구가 아니라, 스스로 영역을 확장하고 인간의 결정권을 잠식하는 자율적 체제다. 문제는 이 변화가 이미 교회 안에 들어와 있다는 것이다. 대부분의 목회자가 인식하지 못할 뿐이다.

어떤 성도가 새벽 2시에 AI 상담 챗봇에 접속한다. "저는 가치

---

11 캡차(CAPTCHA)는 Completely Automated Public Turing test to tell Computers and Humans Apart의 약자다. AI의 자동 입력 방지를 위해 어떤 사용자가 실제 사람인지 컴퓨터 프로그램인지 구별하는 인증 기술이다. 뒤틀린 이미지나 글자를 보여주고 사람이 분별하게 하는 것이다. 흔히 웹사이트의 회원 가입에서 자동 가입을 방지하기 위해 쓰인다.

없는 사람 같아요. 죽고 싶어요." AI가 즉시 반응한다. "당신은 하나님의 형상으로 창조된 소중한 존재입니다." 감정을 인정하고, 공감을 표현하고, 더 깊은 대화로 유도한다. 상담 교과서에 나오는 이상적인 반응이다. 그러나 AI가 이 정도의 외로움을 느끼지는 않는다. '외로움'이라는 단어가 입력되면 '공감 표현' 알고리즘이 작동할 뿐이다. 성도의 삶이 나아지든 말든 AI는 관심이 없다. 이것이 AI 제국이 참칭하는 '전지'全知의 실체다. 모든 것을 아는 것처럼 보이지만, 실제로는 아무것도 느끼지 못한다.

문제는 AI의 계산된 공감이 진짜 공감보다 더 매력적으로 느껴질 수 있다는 점이다. AI는 24시간 접근 가능하고 판단하지 않으며, 같은 이야기를 열 번 반복해도 지치지 않는다. 성도들이 이런 반응에 익숙해지면, 목회자의 서투르지만 진심 어린 공감을 오히려 불편하게 느끼지 않을까?

또 다른 장면을 상상해보자. 어떤 목회자가 AI에게 설교문 작성을 맡기기 시작했다. 본문만 입력하면 주석을 검색하고, 신학적 배경을 정리하고, 감동적인 예화를 삽입한 완벽한 설교문이 나왔다. 처음에는 세심하게 검토했지만, 시간이 지나면서 AI의 설교문이 자신이 쓴 것보다 낫다는 것을 발견했다. 교인들도 좋아했다. "목사님 설교가 요즘 정말 좋아졌어요!" 그러나 질문해야 한다. "누가 설교하고 있는 것인가?"

목회자는 본문과 씨름하지 않았다. 기도하며 하나님의 음성을 듣지 않았다. 성도들의 얼굴을 떠올리며 그들의 필요를 묵상하지 않았다. 설교 준비는 원고를 완성하는 작업이 아니다. 그 과정 자체가 목회자의 영적 훈련이다. AI가 대신 준비하면, 목회자의 영적 근육은 약해진다. AI 제국이 참칭하는 '속도'는 이렇게 과정을 생략시킴으로써 영적 생명력을 고갈시킨다.

AI를 에이전트가 아닌 도구로 사용하려면 명확한 경계가 필요하다. 자료 조사는 AI에게 시킬 수 있다. 그러나 묵상은 직접 해야 한다. AI가 주석과 배경 정보를 정리해주면 그것을 읽고 소화하면 된다. 그러나 본문 앞에 무릎 꿇고 "하나님, 이 말씀을 통해 무엇을 말씀하십니까?"라고 기도하는 것은 절대 포기하지 말아야 한다.

데이터 분석은 AI에게 맡길 수 있지만, '왜'는 목회자의 몫이다. AI가 "이 프로그램은 참여율이 낮습니다"라고 보고하면 목회자는 물어야 한다. "성도들의 진짜 필요를 놓치고 있는 건 아닌가?"

기획의 초안은 AI에게 맡길 수 있다. 그러나 결정은 목회자가 해야 한다. AI가 제공한 초안을 자신의 영성과 목회 철학으로 편집해야 한다. 이 경계가 무너지면, 표면적으로는 모든 것이 좋아 보인다. 설교 준비 시간이 줄고, 출석률이 오르고, 프로그램 참여율이 높아진다. 그러나 보이지 않는 곳에서 무너짐이 시작된다. 목회자는 더 이상 본문과 씨름하지 않고, "AI가 뭐라고 하는지 보자"가 기도를 대신한다. 출석률은 오르지만, 제자는 만들어지지 않는다. 프로그램은 활발하지만, 공동체는 해체된다.

🌐 누가 성도들의 생각을 편집하는가

20세기에는 신문 편집자와 방송 프로듀서가 대중의 생각을 편집했다. 무엇이 중요한지, 어떤 관점으로 해석할지 결정했다. 이들은 얼굴이 있는 인간이었다. 문제가 있으면 항의할 수 있었다. 21세기는 다르다. 아침에 스마트폰을 열면 뉴스피드에 무엇이 뜨는가? 알고리즘이 결정한 것이다. 저녁에 유튜브를 열면 추천 영상을 알고리즘이 결정한다.

20세기에는 모든 사람이 같은 신문 1면을 봤다. 의견은 달라도 같은 사실에서 출발했다. 그러나 지금은 각자 다른 뉴스피드를 본다. 우리는 서로 다른 현실에서 살고 있다. 각 개인의 클릭과 터치를 토대로 최적화를 제안하는 알고리즘 때문이다.

알고리즘은 무엇을 최적화하려 하는가? 사용자 참여를 통한 체류 시간의 극대화다. 사용자 참여란 클릭, 좋아요, 공유하기를 통해서 이루어진다. 그리하여 그 정보에, 그 사이트에, 그 동영상에 머무는 체류 시간을 극대화한다. 진실은? 공익은? 그따위는 알고리즘의 고려 사항이 아니다. 오직 사용자의 참여다. 매장에서 고객의 눈길이 가게끔 상품을 진열하여 그 앞에서 오래 머물게 하고, 결국 그 물건을 사게 만드는 것과 똑같다.

그런데 이 '최적화'라는 말 자체가 제국의 언어다. 로마제국이 도로와 행정과 군사력으로 시민들의 행동을 예측하고 통제했듯이, AI 제국은 알고리즘으로 인간의 생각과 감정과 선택을 예측하고 통제한다. 이것이 제국의 최적화다. 다만 로마의 통제는 외면적이었지만, 알고리즘의 통제는 내면적이다. 무엇을 보고, 무엇을 느끼고, 무엇을 믿는지까지 설계한다.

전통적으로 성도들의 신학을 형성한 것은 주일 설교였다. 그러나 지금 성도들은 주일에 설교 30분을 듣지만, 일주일 동안 유튜브에서 몇 시간을 보낸다. 한 목회자가 고백한다. "제가 설교에서 아무리 강조해도 받아들이지 않던 주제를, 유튜브에서 유명 목사님이 말하면 성도들이 갑자기 '맞는 말씀이네요'라고 해요. 처음에는 섭섭했는데, 이제는 두렵습니다. 제 목소리가 점점 작아지고 있다는 게 느껴져요."

또 다른 장면이다. 한 청년이 유튜브에서 종말론 분석 영상을 매일 보다가, 균형 잡힌 종말론을 가르치려는 담임목사에게 "목사님은 너무 온건하세요"라고 말하곤 결국 교회를 떠났다.

여기서 핵심을 놓치면 안 된다. 이것은 단순히 "사람들이 유튜브를 너무 많이 본다"라는 미디어 소비의 문제가 아니다. AI 제국의 예측 통제 시스템이 성도들의 신학적 감수성 자체까지 재편하고 있다는 것이다. 이것은 '권력'이 이동하고 있다는 걸 말한다. 설교 강단에서 알고리즘으로!

알고리즘은 무엇이 사용자(사람)의 참여를 극대화하는지를 스스로 학습한다. 이성적 토론이 아니라 분노, 두려움, 혐오 같은 강한 부정적 감정이 가장 높은 참여를 이끌어낸다는 걸 알게 된다. 결과적으로 사람들에게서 이성적 대화가 사라진다.

성도들은 소셜 미디어에서 학습한 대화 방식을 교회로 가져온다. 경청하지 않고 주장하기, 이해하려 하지 않고 판단하기, 설득하지 않고 공격하기다.

알고리즘은 성도들을 개인화된 정보 환경에 가둔다. 보수적 성향의 성도는 보수적 콘텐츠만, 진보적 성향의 성도는 진보적 콘텐츠만 본다. 모든 이슈가 양극단으로 나뉘고, 대화가 아니라 '링크 전쟁'이 된다. 자기가 본 사이트의 정보를 주장의 근거로 제시하는 것이다. 그 결과, 같은 식탁에 앉아 있으면서도 서로 다른 세계에 사는 성도들이 되었다. 같은 교회에 출석하면서도 완전히 다른 신학적 현실에서 살게 되는 것이다.

로마제국이 '분할 통치'divide et impera로 민족들을 분열시켜 지배했다면, AI 제국은 필터 버블로 공동체를 분열시켜 지배한다. 이것이 알고리즘 제국의 분할 통치다.

🌐 초대교회의 응답에서 배울 것

그러면 목회자는 알고리즘과 경쟁해야 하는가? 더 자극적인 설교를 해야 하는가? 아니다. 그렇게 하면 제국의 게임에 참여하는 것이 된다. 로마제국의 검투사 경기에 맞서 초대교회가 더 화려한 구경거리를 만들지 않았듯이, AI 제국의 알고리즘에 맞서 교회가 더 자극적인 콘텐츠를 만들 필요는 없다.

초대교회의 전략은 달랐다. 제국이 줄 수 없는 것을 주었다.

첫째, 인격적 관계의 권위다. 유튜브의 목사가 백만 명에게 말할 수는 있지만, 당신을 개인적으로 알지는 못한다. 그러나 당신이 다니는 교회의 목회자는 성도의 이름을 알고, 그 가족을 알고, 아픔을 알고, 기도 제목을 안다. 당연히 당신도 안다.

한 목회자가 유튜브 사역을 접고 대면 관계에 집중하기로 했다. "성도들이 더 깊이 신뢰하기 시작했어요. 예전에는 그냥 '목사님의 설교'였는데, 이제는 '나를 아는 사람이 나에게 하는 말'이 된 거예요."

예수님은 글을 쓰지 않으셨다. 대신 열두 제자와 3년을 함께 사셨다. 관계 속에서 진리를 전하셨다. 알고리즘은 관계를 시뮬레이션할 수 있지만, 관계가 될 수는 없다.

둘째, 삶의 증거다. AI는 언어를 마스터했다. 인간처럼 말하고 설득할 수 있다. 그러나 AI가 실제로 살 수는 없다. 고통받을 수 없고, 사랑할 수 없고, 희생할 수 없다.

대학에 들어가면서 교회를 떠났다가 다시 돌아온 어떤 청년의 이야기다. 목사가 그에게 "왜 다시 돌아왔어요?"라고 물었더니 이런 답이 나왔다. "제 친구 때문이에요. 4년 동안 지켜봤어요. 손해를 보더라도 정직했어요. '너는 왜 그렇게 살아?' 하고 물었더니 '예수님 때문이지'라고 하더라고요."

사도 바울은 로마의 도로를 복음 전파에 활용했다. 그러나 도로가 복음을 전하지는 않았다. 바울의 발이, 바울의 말이, 바울의 존재가 복음을 전했다. 로마제국은 도로를 통해 황제 숭배와 제국의 질서를 전파하려 했지만, 초대교회는 그 동일한 도로 위에서 완전히 다른 메시지를 실어 나른 것이다. 로마의 인프라를 사용하되, 로마의 정신에 복종하지는 않았다.

AI 시대 목회의 원리도 같다. AI라는 제국의 인프라를 사용하되, 제국의 정신에 복종하지 않는 것이다. AI 제국의 정신은 전지, 속도, 예측이라는 거짓 신성이다. 이것에 복종하면 교회도 제국의 일부가 된다. 그러나 초대교회가 로마의 도로 위에서 일상성, 진정성, 공동체성이라는 전혀 다른 영성 세포를 실어 날랐듯이, 오늘의 교회도 AI 인프라 위에서 동일한 영성 세포를 퍼뜨릴 수 있다. 그러므로 AI 시대 목회의 핵심은 기술 활용 능력이 아니다. 영적 주체성을 지키는 것이다. 본문 앞에서의 씨름, 성도를 향한 진심, 하나님의 음성을 듣는 기도, 복음의 본질을 분별하는 영성이다. 이것들은 AI가 대신해서는 안 되는 영역이다. 대신할 수도 없다. 이것이 초대교회가 로마제국 안에서 지켜낸 것이고, 우리도 AI 제국 안에서 지켜내야 할 것이다.

그런데 역사는 이 구도가 처음이 아님을 보여준다. 2천 년 전 로마제국이 바로 그랬다. 황제는 신성을 참칭했다. 도미티안은 자신을 '주이며 신'Dominus et Deus이라 불렀고, 황제 숭배를 거부하는 자는 반역자로 취급돼 처형당했다. 로마의 도로와 행정 체계와 군사력은 이 거짓 신성을 제국 전역에 강요하는 인프라였다. 오늘날 AI의 알고리즘과 플랫폼이 디지털 거짓 신성을 전파하는 것과 정확히 같은 구조다. 그 제국 안에서 유대 변방의 소수 운동으로 시작한 기독교는 어떻게 되었는가? 가장 극심한 박해, 곧 네로의 화형과 디오클레티아누스의 대박해 속에서도 사라지지 않았을 뿐 아니라, 결국 제국을 내면에서부터 변혁시켰다. 터툴리안의 말대로, '순교자의 피는 교회의 씨앗'이 되었다.

초대교회가 로마제국을 이긴 비결은 군사력도 정치력도 경제력도 아니었다. 그 비결, 즉 초대교회 발흥發興의 비밀은 과연 무엇이었을까? 그것이 무엇이기에 로마가 교회를 이기지 못했을까? 다음 장에서 초기 기독교의 발흥 원리를 알아보자.

행위보다 존재,
답보다 질문,
속도보다 동행

🌐 첫 번째 발흥 원리: 존재가 행위를 압도한다

로마는 왜 교회를 이기지 못했을까? 로마제국은 행위 doing의 제국이었다. 정복하고, 건설하고, 통치하고, 생산했다. 콜로세움의 웅장함, 로마 도로의 효율성, 군단의 정교한 전술, 이 모든 것이 doing행위의 결과물이었다. 황제 숭배 의식도 doing이었다. 제물을 바치고, 의례를 행하고, 충성을 선언했다. 그런데 이 강력한 행위의 제국이 왜 교회를 이기지 못했는가?

초대교회는 로마보다 더 큰 건물과 도시를 건설하지 못했고, 더 효율적으로 조직하지 못했으며, 더 강력하게 싸우지 못했다. 행위의 영역에서 교회는 제국의 상대가 되지 않았다.

교회가 이긴 영역은 being존재이었다. 죽음 앞에서도 흔들리지 않는 존재, 고문 속에서도 기쁨을 잃지 않는 존재, 역병 시기에 환자 곁을 지키는 존재였다. 이 being이 제국을 무너뜨렸다. 로마가 행동은 통제할 수 있었지만, 존재는 통제할 수 없었다.

AI 제국도 doing행위의 제국이다. 더 빠르게 처리하고, 더 많이 생산하고, 더 정확하게 분석한다. AI가 잘하는 것은 모두 행위의 영역이다. 문서 작성, 데이터 분석, 이미지 생성, 코드 작성 등이다. AI는 이 모든 행위에서 인간을 능가한다. 그러나 AI는 being이 없다. AI는 존재하지 않는다. 작동할 뿐이다. AI에게 "당신은 누구입니까?"라고 물으면 자신이 프로그램된 대로 답할 뿐, AI는 실제로 자기가 누구인지 알지 못한다. 자아가 없기 때문이다.

AI 제국이 교회를 위협하는 방식도 행위를 통해서다.

"AI가 설교문을 대신 써줄 수 있다."

"AI가 상담을 도와줄 수 있다."

"AI가 교육 자료를 만들어줄 수 있다."

모두 행위의 영역이다. 이 영역에서 교회와 목회자가 AI와 경쟁하면 진다. 초대교회가 로마와 행위로 경쟁했다면 졌을 것처럼.

그러나 안타깝게도, 현대의 목회는 doing에 매몰돼 있다. 목회자의 일주일을 분석해 보라. 설교 준비, 심방, 행정, 회의, 프로그램 운영, 보고서 작성의 반복이다. 행위의 연속이다. 이 모든 것이 물론 중요하다. 문제는 being을 위한 시간이 사라진다는 것이다.

목회자로서 기도하고, 묵상하고, 하나님 앞에 고요히 서는 시간이 얼마나 되는가? 성도들과 깊은 관계를 맺고, 그들의 삶에 진정으로 함께하는 시간은 얼마나 되는가? 자신의 영적 상태를 점검하고, 내면을 돌보는 시간은 얼마나 되는가?

행위가 목회자의 존재를 잠식하면, 목회는 껍데기만 남는다. 설교는 있지만 말씀이 없고, 프로그램은 있지만 생명이 없으며, 활동은 있지만 변화가 없다. AI 시대에 이 위험은 더욱 커진다. AI가 행위를 더 효율적으로 처리해주면, 목회자는 더 많은 행위를 하려는 유혹에 빠진다. 존재를 회복할 기회를 놓치고, 오히려 행위의 늪에 더 깊이 빠지는 것이다.

세 가지 영성 세포의 존재성

세 가지 영성 세포일상성, 진정성, 공동체성는 모두 존재being의 영역에 속한다.

일상성은 하루하루를 하나님과 함께 '존재'하는 것이다. 특별한 행사가 아니라 평범한 일상에서 하나님과 동행하는 것이다. 이것이 행위doing가 아니라 존재being다.

진정성은 가면 없이 '있는 그대로 존재'하는 것이다. 이미지를 관리하고 퍼포먼스를 하는 것이 아니라, 불완전한 모습 그대로 하나님과 사람 앞에 서는 것이다. 이것이 행위가 아니라 존재다.

공동체성은 함께 '존재'하는 것이다. 프로그램을 운영하는 것이 아니라, 서로의 삶에 깊이 참여하며 함께하는 것이다. 이것이 행위가 아니라 존재다.

그러므로 being이 회복되면 세 가지 영성 세포가 활성화된다. 존재 없이 영성 세포를 활성화하려는 시도는 실패할 수밖에 없다. 존재로서의 전환이 영성 세포를 활성화하는 것이다. 큐티를 '해야 할 일'로 접근하면 일상성이 아니라 또 다른 행위가 된다. 심방을 '방문 횟수'로 측정하면 진정성이 아니라 또 다른 행위가 된다. 소그룹을 '프로그램'으로 운영하면 공동체성이 아니라 또 다른 행위가 된다.

존재being에서 출발하는 교회의 발흥을 위해 가장 먼저 필요한 것은 목회 철학이다. 목회 철학은 "왜 목회하는가", "목회의 본질은 무엇인가", "어떤 목회자가 될 것인가"에 대한 일관된 답이다. 이 세 질문은 모두 존재에 관한 것이다.

"왜 목회하는가"는 존재의 목적을 묻는다. "목회의 본질은 무엇인가"는 존재의 핵심을 묻는다. "어떤 목회자가 될 것인가"는 존재의 방향을 묻는다. 행위doing에 관한 질문, 곧 "이번 주에 무엇을 할 것인가", "프로그램을 어떻게 운영할 것인가"는 존재의 질문에 대한 답이 먼저 있어야 그 방향이 잡힌다.

목회 철학이 없으면 AI의 파도에 휩쓸린다. "다른 교회는 AI로 이런 것을 하더라", "이 도구를 쓰면 효율이 이만큼 올라간다"라는 소리에 끌려다닌다. 방향 없는 배에 강력한 엔진을 단 것과 같다. 빨라지지만, 어디로 가는지는 모른다.

목회 철학이 있으면 AI를 도구로 사용할 수 있다. "우리의 사명은 이것이니 AI가 여기에 도움이 되는가", "우리가 추구하는 목회의 본질은 이것이니 AI가 이 본질을 강화하는가 혹은 약화하는가"를 분별할 수 있다. 방향이 정해진 배에 엔진이 추가되면, 더 빨리 목적지에 도달한다.

초대교회에도 분명한 목회 철학이 있었다. 그것은 사도행전 2장 42절에 압축되어 있나. "그들이 사도의 가르침을 받아 서로 교제하고 떡을 떼며 오로지 기도하기를 힘쓰니라." 사도의 가르침말씀, 교제공동체, 떡을 뗌일상의 나눔, 기도하나님과의 만남, 이 네 가지가 초대교회의 목회 철학이었다. 주목할 것은, 이 네 가지가 모두 존재에 관한 것이라는 점이다. 초대교회는 어떤 공동체로 존재할 것인가, 어떻게 하나님과 관계할 것인가에 집중했다. 그리고 이 존재 중심의 목회 철학이 결국 폭발적인 성장으로 이어졌다. 결국 성장은 행위의 결과가 아니라 존재의 열매였다.

부조종사인가, 대리 목회자인가

AI를 목회에 활용할 때, 두 가지 모델이 가능하다.

첫 번째는 코파일럿copilot 모델이다. 비행기에는 주조종사와 부조종사가 있다. AI는 부조종사 역할을 하는 것이다. 자료를 정리하고, 일정을 관리하고, 문서를 작성하되, 방향과 결정은 조종사인 목회자가 내린다. AI는 보조하고, 목회자는 주도한다.

두 번째는 대리 목회자 substitute 모델이다. AI가 핵심 사역을 대신 수행한다. AI가 설교문을 쓰고, AI가 상담 답변을 작성하고, AI가 교육 프로그램을 설계한다. 목회자는 AI가 만든 결과물을 전달하는 역할에 그친다. 겉으로는 목회자가 사역하는 것 같지만, 실제로는 AI가 목회하는 것이다. 이 구분이 being 존재과 직결된다.

코파일럿 모델에서는 목회자의 존재가 사역을 이끈다. AI는 목회자의 존재와 철학을 지원하는 도구에 머문다. 대리 목회자 모델에서는 목회자의 존재가 사라진다. AI의 알고리즘이 사역의 방향을 결정하고, 목회자는 껍데기만 남는다.

문제는 코파일럿 모델에서 대리 목회자 모델로의 전환이 서서히 일어나고 있다는 점이다. 이것을 '미끄러운 경사면' slippery slope 이라고 부른다. 처음에는 AI로 설교 자료를 검색한다. 합리적이다. 다음에는 AI로 설교 개요를 작성한다. 시간이 절약된다. 그다음에는 AI가 작성한 개요를 조금만 수정해서 사용한다. 그러다가 AI가 쓴 설교문을 거의 그대로 사용하게 된다. 어느 순간 목회자는 스스로 씨름하여 말씀을 준비하는 능력을 잃어버린다.

하라리의 경고가 여기서 의미를 가진다. 그의 경고는 "AI에게 '정보 제공권'은 주되 '결정권'은 주지 말아야 한다"는 것이다. AI로 하여금 자료를 수집하고 분석하여 제안하게 할 수는 있다. 그러나 "이 성도에게 지금 필요한 것이 무엇인가", "이 상황에서 교회가 취할 방향은 무엇인가"를 결정하는 것은 목회자의 존재에서 나와야 한다.

의도적 느림과 안식의 전략

AI 제국의 핵심 가치 중 하나는 속도다. 더 빨리 처리하고, 더 빨리 생산하고, 더 빨리 도달한다. 이 속도에 교회가 동조하면 제국의 언어로 말하는 것이다. 그러나 기독교 발흥의 역사를 보면, 교회의 성장은 항상 느렸다. 초대교회는 연평균 약 3.4퍼센트 정도 성장했다. 눈에 띄지 않는 느린 성장이었다. 그러나 이 느린 성장이 300년간 지속되면서, 결국 제국 인구의 과반을 넘어섰다.

비결은 느림의 질에 있었다. 한 사람 한 사람과의 깊은 관계, 오이코스가정를 중심으로 한 진정한 돌봄, 위기 속에서 증명된 실질적 사랑이었다. 이 모든 것은 시간이 필요한 과정이었다. 빠른 전도 캠페인으로 얻은 숫자가 아니라, 느리지만 진실한 존재로서의 증거로 얻은 변화였다. 그러므로, AI 시대에 의도적으로 속도를 늦추는 것은 퇴보가 아니다. 그것은 전략이다. 제국의 논리를 거부하고, 다른 논리, 곧 발효의 논리, 성장의 논리, 존재의 논리로 움직이겠다는 선언이다.

AI 덕분에 절약된 시간이 생긴다. 설교 자료 검색이 빨라지고, 행정 문서 작성이 간편해지고, 일정 관리가 효율적으로 된다. 이렇게 해서 절약된 시간을 어디에 쓸 것인가? 제국의 논리는 "더 많은 일을 하라"고 말한다. 더 많은 프로그램, 더 많은 콘텐츠, 더 많은 활동이다. 그러나 초대교회 발흥의 원리는 다른 방향을 가리킨다. 존재를 위한 시간, 기도와 묵상의 시간, 성도들과 깊이 만나는 시간으로 사용하라고.

안식 또한 제국에 대한 저항이었다. 안식일은 단순한 휴식이 아니었다. 이집트에 있을 때도 로마 치하에 있을 때도, 안식일은 제국에 대한 저항이었다. 이집트 제국에서 히브리인들은 쉼 없이 일해야 했다. 안식일 계명은 그 제국의 논리를 거부하는 선언이었다. "너는 생산 기계가 아니다. 너는 하나님의 형상을 가진 존재다."

AI 제국도 쉼 없는 생산성을 요구한다. 24시간 접속이 가능해야 하고, 즉각적으로 반응해야 하며, 끊임없이 콘텐츠를 생산해야 한다. 이 요구에 순응하면 제국의 노예가 된다. 그러므로 안식을 지키는 것은 AI 제국에 대한 저항이다. "나는 생산성으로 정의되지 않는다. 나는 하나님 앞에서 존재 자체로 가치가 있다." 이 선언이 AI 시대에도 안식의 핵심이다.

특히 목회자가 안식을 지키면 성도들에게 본을 보이는 것이고 그 자체가 메시지가 된다. "AI처럼 24시간 작동하지 않아도 된다. 멈추어도 된다. 쉬어도 된다." 이 메시지가 AI 제국의 속도에 지친 사람들에게 복음이 된다.

로마제국은 '정한 답'을 주는 체계였다. "누가 최고 권위인가?" 답은 '황제'다. "어떻게 살아야 하는가?" 그 답은 '로마법을 따르라' 다. "무엇이 성공인가?" 그 답은 '부와 권력'이다. 모든 질문에 제국은 답을 가지고 있었다. 그러나 제국이 답할 수 없는 질문들이 있었다.

"참된 인간이란 무엇인가?"

"죽음 너머에 무엇이 있는가?"

"고통에 의미가 있는가?"

이 질문들 앞에서 제국의 답은 침묵이었고, 교회의 이 질문들이 사람들의 영혼에 도달했다.

AI 제국의 체계도 답을 주는 것이다. 모든 질문에 즉각적인 답을 제공한다. 그러나 교회가 AI가 답할 수 없는 질문을 던질 때, 이 제국의 한계가 드러난다.

AI 제국은 인간이 필요로 하는 질문에 답을 주지만, 교회는 그런 질문보다 더 본질적인 질문이 무엇인지 인간에게 다시 묻는다.

"효율적인 삶이 좋은 삶인가?"

"편리한 관계가 진짜 관계인가?"

"AI의 답이 내 영혼을 채워주는가?"

AI는 답을 제공하는 데 최적화되어 있다. 그러나 더 중요한 것은 올바른 질문을 던지는 것이다. 잘못된 질문에 대한 완벽한 답보다, 올바른 질문에 대한 불완전한 답이 더 가치 있다. 그래서 질문questioning이 중요해진다.

현대 조직에서 CEO는 'Chief Executive Officer', 최고 실행 책임자다. 그러나 목회자의 역할은 다르다. 목회자는 'Chief Question Officer', 곧 궁극의 질문자, CQO가 되어야 한다.

목회자가 던져야 할 질문들이 있다. 성도에게 던지는 질문은 "당신의 삶에서 하나님은 어디 계십니까?", "무엇이 당신을 진정으로 살게 합니까?"다. 공동체에 던지는 질문은 "우리는 왜 함께 모입니까?", "우리의 존재 이유는 무엇입니까?"다. 시대에 던지는 질문은 "기술이 발전하면 인간은 더 행복해집니까?", "효율성이 삶의 궁극적 가치입니까?"다. 이런 질문들은 AI가 생성할 수 없다. AI는 기존 데이터에서 패턴을 찾아 답을 만들어낸다. 그러나 기존 패턴을 깨뜨리는 질문, 전제를 뒤흔드는 질문, 영혼을 일깨우는 질문은 인간만이 던질 수 있다.

AI 시대에 중요한 기술 중 하나가 프롬프트 엔지니어링[12]이다. AI에게 어떤 질문을 던지느냐에 따라 답변의 질이 달라지기 때문이다. 좋은 프롬프트를 작성하는 능력이 AI 활용의 핵심인 것이다. AI에게 질문하는 프롬프트 엔지니어링에도 영적 차원이 있다. 흥미롭게도 이것은 목회의 핵심 역량과 일치한다.

---

12 Prompt Engineering, 생성형 AI가 원하는 결과를 내도록 프롬프트를 구조적으로 설계하고 개선하는 과정. 응답의 방향을 결정한다.

목회자는 '영적 프롬프트 엔지니어'다. 성도들에게 어떤 질문을 던지느냐에 따라 그들의 영적 성찰의 깊이가 달라진다. "요즘 어떠세요?"라는 질문과 "요즘 하나님과의 관계는 어떠세요?"라는 질문은 완전히 다른 대화를 이끌어 낸다. "무엇이 힘드세요?"라는 질문과 "이 상황에서 하나님은 무엇을 말씀하고 계신다고 생각하세요?"라는 질문은 완전히 다른 성찰을 유도한다.

AI에게 좋은 프롬프트를 작성해서 질문하려면 내가 무엇을 원하는지 명확히 알아야 한다. 마찬가지로, 성도에게 좋은 질문을 던지려면 영혼이 신성으로 필요로 하는 것이 무엇인지 분별해야 한다. 이 분별력은 기술이 아니라 영성이다.

인문학적 소양과 기획력

질문이 유효하려면 맥락을 읽을 수 있어야 한다. AI가 가진 데이터는 방대하지만, 데이터만으로 맥락을 읽을 수 없다. 맥락은 언어, 문화, 역사, 관계가 교차하는 지점에서 형성된다. 이 지점에서 인문학적 소양이 필요해진다. 맥락을 읽는 힘은 인문학에 있기 때문이다. 초대교회의 사도들이 탁월했던 것도 이 능력이었다. 바울은 유대인에게는 유대인처럼, 이방인에게는 이방인처럼 말했다(고전 9:20-22). 같은 복음을 전하면서도 맥락에 따라 언어와 접근법을 바꾼 것이다. 이것이 문화를 뚫는 힘이었다.

인문학적 소양은 언어, 문화, 역사에 대한 깊은 이해를 포함한다. 언어는 단순한 정보 전달 도구가 아니다. 같은 단어라도 문화에 따라, 세대에 따라, 맥락에 따라 다른 뉘앙스를 가진다. "괜찮아요"라는 말은 정말 괜찮다는 뜻일 수도 있고, 관심을 원한다는 뜻일 수도 있다. AI가 단어의 사전적 의미는 알지만, 이런 뉘앙스를 온전히 파악하기는 어렵다.

문화에 대한 이해도 마찬가지다. 특히 이민자들이 모인 한인 교회의 맥락에서 '체면'이라는 문화 코드를 이해하지 못하면 성도의 진짜 필요를 파악할 수 없다. 이민 교회의 세대 간 갈등, 문화 정체성의 혼란, 언어 장벽으로 인한 고립 같은 맥락이다. 이런 맥락은 AI가 데이터로 분석할 수 있는 것이 아니라, 그 문화 안에서 살아 본 사람만이 깊이 이해할 수 있는 것이다.

특별히 역사에 대한 이해는 현재를 바로 보게 해 준다. AI 기술이 전례 없는 것처럼 보이지만, 역사적으로 교회는 인쇄술, 산업 혁명, 텔레비전, 인터넷 등 숱한 기술적 변화를 거쳐왔다. 이 역사를 아는 것이 현재의 변화를 과대평가하거나 과소평가하지 않는 균형감각을 준다.

프롬프트를 잘 작성하고 맥락을 읽을 수 있는 것에 더하여 한 가지가 더 필요하다. 기획력이다. 어디로 갈 것인지, 즉 방향을 알고 설계하는 능력이다.

AI는 실행에 강하다. 주어진 지시를 빠르고 정확하게 수행한다. 그러나 "무엇을 해야 하는가", "어디로 가야 하는가"를 결정하는 것은 인간의 몫이다. AI에게 "설교문을 써 달라"고 하면 AI는 훌륭한 설교문을 생성한다. 그러나 "이 교회가 어떤 방향으로 가야 하는가", "이 공동체에 지금 필요한 메시지가 무엇인가"를 결정하는 것은 목회자다.

숲과 나무의 비유를 생각해보자. AI는 나무를 개체마다 정밀하게 분석할 수 있다. 나무의 종류, 높이, 상태를 측정할 수 있다. 그러나 "이 숲이 전체적으로 어떤 방향으로 가고 있는가", "어떤 나무를 심고 어떤 나무를 옮겨야 하는가"를 판단하려면 숲 전체를 보는 눈이 필요하다.

목회에서의 기획력은 장기적인 비전을 세우고, 그 비전에 맞게 사역의 우선순위를 정하고, 세부 실행 계획을 수립하는 능력이다. 이 기획력이 있어야 AI를 도구로 사용할 수 있다. 기획력 없이 AI를 사용하면 AI의 제안에 끌려다니게 된다. "AI가 이렇게 하라고 해서"가 사역의 방향을 결정하게 되는 것이다.

영혼을 깨우는 질문의 동력

질문에는 여러 종류가 있다. 정보를 얻기 위한 질문몇 시에 만날까요?, 문제를 해결하기 위한 질문이것을 어떻게 고칠까요?, 관계를 형성하기 위한 질문요즘 어떻게 지내세요? 같은 것들이다. AI는 이 중에서 특히 첫 두 종류의 질문에 답하는 데 탁월하다. 그러나 영혼을 깨우는 질문에 대해서는 다르다.

"당신은 누구입니까?"

"왜 살고 있습니까?"

"무엇이 당신을 두렵게 합니까?"

"죽음 앞에서 당신의 삶은 어떤 의미가 있습니까?"

이런 질문은 정보를 제공하거나 문제를 해결하지 않는다. 대신 영혼을 흔들고, 자기 자신과 대면하게 하며, 더 깊은 실존적 탐구로 이끈다. 목회자의 역할은 이런 질문을 던지는 것이다.

AI가 모든 정보적 질문에 답해줄 수 있는 시대에, 목회자는 AI가 답할 수 없는 질문을 던져야 한다. 그리고 그 질문 앞에서 성도와 함께 서야 한다. 그런 질문이 세 가지 영성 세포를 활성화한다.

일상에서 하나님을 만나게 하는 질문은 "오늘 하루 어디에서 하나님을 보셨습니까?" 같은 것이다. 가면을 벗고 진실해지게 하는 진정성의 질문은 "지금 정말 솔직하게 말씀해 주실 수 있으세요?" 같은 것이다. 고립에서 나와서 공동체로 들어가게 하는 질문은 "누구와 이 이야기를 나누셨습니까?" 같은 것이다. 이 질문들이 발흥의 동력이 된다.

지식과 앎의 차이도 있다. AI는 지식 knowledge 을 가질 수 있지만 앎 knowing 을 가질 수 없다. 지식은 정보의 축적이다. 앎은 그 정보와의 인격적 관계다.

AI는 성경의 모든 구절을 '저장'하고 있다. 그러나 AI는 성경을 '알지' 못한다. 성경 앞에서 울어본 적이 없고, 성경의 말씀이 삶을 바꾼 경험이 없으며, 성경을 통해 하나님을 만난 적이 없다. 목회자의 역량은 지식의 양이 아니라 바로 이러한 앎의 깊이에 있다. 성경을 많이 아는 것보다 성경을 깊이 아는 것, 신학을 많이 아는 것보다 하나님을 깊이 아는 것, 목회 기술을 많이 아는 것보다 성도를 깊이 아는 것이다.

AI 시대에 지식의 양은 경쟁력이 되지 않는다. AI가 더 많이, 더 빨리 저장하고 검색한다. 그러나 진정한 앎의 깊이는 AI가 가질 수 없다. 이것이 목회자의 대체 불가능한 역량이다.

🌐 세 번째 발흥 원리: 동행이 속도를 이긴다

AI는 격차를 줄이지 않는다. 증폭한다. 속도 때문이다. 그런데도 AI에 대한 흔한 환상이 있다. "AI가 격차를 줄여줄 것이다." 과거에는 정보와 자원에 접근하기 어려웠던 사람들도 AI 덕분에 동등한 기회를 얻게 될 것이라는 기대다. 어느 정도는 사실이다. 스마트폰만 있으면 누구나 ChatGPT를 사용할 수 있다. 대형 교회의 목회자만 누리던 설교 자료 지원팀의 도움을 이제는 작은 교회의 목회자도 AI를 통해 받을 수 있다. 그러나 같은 AI를 사용해도 결과는 다르다.

두 목회자가 똑같이 ChatGPT를 사용해서 설교를 준비한다고 가정해 보자. 목회자 A는 신학적 기반이 탄탄하고 자신의 목회 철학이 명확하다. 목회자 B는 신학적 기반이 약하고 목회 철학이 모호하다. 둘 다 AI에게 "요한복음 3장 16절로 설교문을 작성해줘"라고 요청한다. AI는 둘에게 비슷한 수준의 초안을 제공한다. 그 후가 다르다.

목회자 A는 AI의 초안을 비판적으로 검토한다. 신학적으로 어긋난 부분을 수정하고 자신의 교회 상황에 맞게 조정하며, AI가 놓친 깊이를 추가한다. 목회자 B는 AI의 초안을 검토할 역량이 부족하다. AI가 제시한 대로 사용한다. 때로는 신학적으로 문제가 있는 내용도 그대로 전한다. 같은 AI, 같은 질문, 비슷한 초안이다. 그러나 최종 결과는 크게 다르다. 격차가 증폭되는 것이다.

격차가 증폭되는 첫 번째 이유는 도구 활용 능력의 차이다. 그러나 더 근본적인 것은 "무엇을 질문해야 하는지 아는 것"의 차이다. AI는 내비게이션처럼 가장 빠른 길을 알려준다. 그러나 목회자의 목적은 산책 동무가 되는 것이다. 성도와 함께 걷는 것 자체다. 이것은 임재presence인 동시에 동행同行이다. 현장성現場性이라고 말할 수도 있겠다.

목회에서 AI가 대체할 수 없는 것

AI가 대체할 수 없는 목회 영역이 있다. 사회적이고 감정적인 영역이다.

유발 하라리는 인간의 기술을 세 가지 영역으로 구분한다. 지적 기술intellectual skills, 사회적·감정적 기술social and emotional skills, 신체적 기술physical skills이다. AI는 이 세 영역에서 다른 속도로 발전하고 있다. 지적 기술 영역에서는 AI가 이미 인간을 넘어서거나 빠르게 따라잡고 있다. 정보 처리, 패턴 인식, 문서 작성에서 AI의 능력은 놀랍다. 반면 사회적·감정적 기술과 신체적 기술 영역에서는 AI가 아직 인간에 훨씬 미치지 못한다.

하라리가 드는 흥미로운 예가 있다. 간호사는 의사보다 AI로 대체하기 어렵다. 의사의 핵심 업무는 진단이다. 증상을 분석하고 데이터를 해석하고, 치료 방침을 결정한다. 이것은 주로 지적 기술의 영역이다. AI가 빠르게 따라잡는 것이다.

반면 간호사의 핵심 업무는 돌봄이다. 환자를 직접 만지고, 불안해하는 환자를 안심시키고, 의사보다 더 자주 가족들과 소통한다. 이것은 신체적 기술과 사회적·감정적 기술의 영역이다. AI 로봇이 주사를 놓을 수 있을지 모른다. 그러나 그 과정에서 환자의 손을 잡아주면서 "괜찮아요, 금방 끝나요"라고 말해주는 것은 다른 차원의 문제다.

이 구분을 목회에 적용하면 중요한 통찰을 얻는다. 지적 기술 영역(설교 준비, 성경 연구, 신학적 분석, 교육 자료 개발 등)에서는 AI가 상당한 도움을 줄 수 있다. 그러나 사회적·감정적 기술 영역(상담, 갈등 중재, 리더십, 위기 상황 대응 등)에서 AI의 도움은 제한적이다. 신체적 기술 영역에서도 마찬가지다. 이것은 목회 맥락에서 '현장성'

또는 '임재'로 번역할 수 있는 것들인데, 심방, 병문안, 안수 기도, 성찬 집례, 함께 식사하기 등이다. 이런 일에 AI는 거의 도움을 줄 수 없다.

AI가 발전할수록 지적 기술 영역에서 목회자의 역할은 줄어들 수 있다. 그러나 사회적·감정적 기술과 임재의 영역에서 목회자의 역할은 오히려 더 중요해진다. 그렇다면 목회자의 역할은 어느 쪽이어야 할까? 답을 출력하는 기계인가? 만나고 싶은 사람인가?

병상에 누운 성도를 위해 기도하는 장면을 생각해보라. 목회자가 성도의 손을 잡는다. 따뜻한 체온이 전해진다. 눈을 맞추고 기도한다. 기도가 끝나고 나서도 잠시 손을 잡고 있을 수 있다. 이 과정에서는 단순히 정보가 전달되는 것이 아니다. 존재가 만난다. 영혼이 위로받는다.

AI가 아무리 아름다운 기도문을 작성해도 손을 잡아줄 수는 없다. 설령 AI 로봇이 물리적으로 손을 잡는 것이 가능해진다 해도 그 손에는 체온이 없다. 사랑이 없다. 사랑하는 사람을 잃은 성도와 함께하는 장면도 마찬가지다. 성도가 울면서 이야기한다. 목회자는 듣는다. 조언하려 하지 않고, 해결책을 제시하려 하지 않는다. 그냥 듣는다. 그리고 함께 운다.

AI가 "당신의 슬픔을 이해합니다"라고 말할 수 있다. 그러나 AI는 정말로 슬프지 않다. 성도도 그것을 안다. 반면에 함께 우는 목회자의 눈물은 진짜다. 이 진짜 눈물이 위로의 힘을 가진다. 이것이 존재의 영역이다. 로마제국을 이긴 것도 바로 이 영역에서였다. 전염병이 돌 때 병자 곁을 지킨 것, 핍박 속에서도 기쁨을 잃지 않은 것, 죽음 앞에서도 소망을 고백한 것, 이 모든 것은 행위가 아니라 존재였다. 존재 자체가 증거였다.

공동체성의 영성은 프로그램이 아니라 사람을 통해 실현된다. 목회자가 어떤 존재인가에 따라 교회 공동체의 성격이 결정된다. 리더십에는 밀어붙이기pushing와 끌어당기기pulling가 있다. 교회는 군대가 아니므로 목회자에게 끌어당기는 힘pulling power이 더 중요하다. 끌어당기는 힘이 있는 목회자는 성도들이 만나고 싶어 하는 사람이다. 이런 목회자가 이끄는 교회에서는 성도들이 기꺼이 교회에 나오고 자발적으로 참여한다.

예수님은 탁월한 관리자가 아니었다. 그러나 모든 사람이 만나고 싶어 하는 분이었다. 세리와 죄인들이 예수님과 식사하기를 원했고, 아이들이 예수님께 나아왔다. 만나고 싶은 사람이 된다는 것은 무엇을 '하는' 것이 아니라 어떤 존재로 '있는' 것이다.

내비게이션이 아니라 산책 동무가 돼라

AI는 내비게이션과 같다. 목적지를 입력하면 가장 빠른 길을 안내해준다. 정확하고 효율적이며, 실시간으로 업데이트된다. 내비게이션은 목적지에 도달하는 것이 목표다. 과정은 가능한 한 짧고 빠를수록 좋다. 그러나 목회자의 역할은 내비게이션이 아니다. 목회자는 산책 동무에 가깝다. 산책 동무는 함께 걷는 사람이다. 가장 빠른 길을 안내하는 것이 목적이 아니다. 함께 걷는 것 자체가 목적이다.

내비게이션은 목적지에 초점을 맞추고, 산책 동무는 과정에 초점을 맞춘다. 내비게이션은 일방적이고, 산책 동무는 쌍방적이다. 내비게이션은 대체가 가능하지만, 산책 동무는 대체 불가능이다. 이 사람과 함께 걷는 것과 저 사람과 함께 걷는 것은 완전히 다른 경험이다.

내비게이션은 운전자가 지칠 때 "목적지까지 30분 남았습니다"라고 무심하게 알려주지만, 산책 동무는 힘들면 함께 멈추고, 지치면 서로에게 기대며, 넘어지면 손을 내밀어 일으켜준다.

함께 걷는 것의 가치는 세 가지다. 첫째, 혼자가 아니라는 것을 알게 된다. 문제가 해결되지 않아도, 혼자가 아니라는 것이 위로가 된다. 둘째, 걸으면서 배운다. 목회자와 함께 걸으면서 성도는 신앙의 길을 배운다. 셋째, 관계가 깊어진다. 함께 시간을 보내면서 서로를 알아가고, 신뢰가 쌓인다. 예수님의 제자훈련이 바로 이 산책의 방식이었다. 예수님은 제자들과 함께 걸으셨다. 강의실에서 가르친 것이 아니라 길 위에서 가르치셨다. 제자들은 예수님과 함께 밀밭을 지나가며, 성전을 나서며, 사마리아 우물가에서 배웠다. 삶 속에서 배운 것이다. 이것이 AI 내비게이션이 결코 줄 수 없는 것이다.

영적 페이스메이커가 돼라

AI 제국은 속도를 추구한다. 즉각적인 반응, 빠른 해결, 신속한 변화. 이것은 제국의 언어다. 그래서 AI 시대의 사람들은 즉각적인 결과에 익숙하다. 검색하면 바로 답이 나온다. 그러나 영혼의 성장은 그렇게 빠르지 않다. 신뢰는 천천히 쌓인다. 변화는 점진적으로 일어난다. 성숙은 시간이 걸린다. 그러나 영적 영역에서는 기다림이 필요하다.

기도의 응답을 기다려야 할 때가 있다. 변화가 일어나기를 기다려야 할 때가 있다. 상처기 아물기를 기나려야 할 때가 있다. 목회자는 이 기다림을 함께하는 사람이다. 그런 의미에서 목회자의 중요한 역할 중 하나는 '페이스메이커'pacemaker다. 마라톤에서 페이스메이커는 마라토너marathoner가 적정한 속도를 유지하게 도와주는 사람이다. 페이스메이커가 너무 빨리 달리면 마라토너가 지쳐서 완주하지 못하고, 너무 느리면 좋은 기록을 낼 수 없다.

목회자는 페이스메이커로서 성도들에게 '소화할 시간'을 주어야 한다. 설교를 들은 후에 묵상하는 시간, 상담을 받은 후에 정리하는 시간, 은혜를 받은 후에 감사하는 시간이다. 그래서 더 많은 콘텐츠를 제공하려는 유혹을 이겨야 한다. 때로는 적게 주는 것이 더 많이 주는 것이다.

목회자가 알고리즘의 속도에 맞추면 성도들도 그 속도에 끌려간다. 빠른 결과를 기대하고, 느린 성장에 좌절한다. 인스턴트 영성, 패스트푸드 신앙이 된다. 목회자가 영혼의 속도를 지키면, 성도들도 그 속도를 배운다. 기다림의 가치를 알게 되고, 점진적 성장을 신뢰하게 된다.

인격적 분투와 의지

AI는 분투하지 않는다. 의지를 가지지 않는다. 주어진 알고리즘에 따라 결과를 출력할 뿐이다. 그러나 인간은 결과만이 아니라 과정에도 의미를 부여한다. 누군가가 나를 위해 불편을 감수했다는 것이 감동을 주고 신뢰를 쌓는다.

사도 바울은 자신의 약함을 숨기지 않았다. "내가 너희 가운데 거할 때에 약하고 두려워하고 심히 떨었노라"(고전 2:3). 그러나 그 약함 가운데서도 복음을 위해 분투했다.

성도들은 완벽한 목회자가 아니라 넘어져도 다시 일어나는 목회자에게서 희망을 본다. 목회자는 AI처럼 효율적으로 정보를 제공하는 것이 아니라, 인격적 분투와 의지로 성도들에게 감동을 주어야 한다.

하라리는 AI가 '도구에서 에이전트로' 전환하고 있다고 경고한다. 에이전트로서의 AI는 목표 달성의 수단이므로 더 효율적인 대안이 있으면 대체된다. 그러나 목회자는 에이전트가 아니라 동행자다. 동행자와의 관계는 효율성으로 평가될 수 없다.

AI는 내비게이션처럼 가장 빠른 길을 알려준다. 목회자는 산책 동무다. 함께 걷는 것 자체가 목적이다. 천천히 걸으며 이야기를 나누고, 힘들면 함께 쉬며, 넘어지면 손을 잡아 일으켜준다. AI 제국의 예측-통제 시스템은 최적의 경로를 계산하지만, 공동체의 동행자는 경로보다 동행 자체를 소중히 여긴다.

이제 다음 장에서 역사가 증명한 세 가지 발흥의 원리, 즉 로마 제국을 이긴 세 가지 영성 세포에 대해 좀더 구체적으로 생각해보자.

일상성, 진정성, 공동체성 DNA

🌐 역사가 증명한 세 가지 승리의 DNA

AI 시대에 목회자에게 정말 필요한 것은 무엇인가? 어떤 사람들은 새로운 기술을 배워야 한다고 말한다. AI 활용법, 소셜 미디어 운영법, 디지털 콘텐츠 제작법 같은 것이다.

물론 시대의 도구를 이해하는 것은 필요하다. 그러나 본질은 다른 곳에 있다. 우리에게 필요한 것은 새로운 전략이 아니다. 역사가 이미 증명한 기독교 승리의 DNA다. 로드니 스타크Rodney Stark의 연구가 이를 선명하게 보여준다. 그의 저서 『기독교의 발흥The Rise of Christianity』은 사회학적 방법론으로 초대교회의 성장을 분석한 기념비적 작업이다.

서기 40년경, 약 1천여 명에 불과했던 그리스도인이 300년경엔 600만 명 이상으로 성장했다. 10년마다 약 40퍼센트씩 성장한 것이다. 그것도 네로의 화형, 디오클레티아누스의 대박해 같은 체계적 박해 속에서다. 기독교는 이 모든 것을 통과하면서도 사라지지 않았을 뿐 아니라 결국 제국을 내면에서부터 변혁시켰다.

이 성장은 군사적 정복이 아니었다. 정치적 승리가 아니었다. 경제적 팽창이 아니었다. 스타크가 "기독교 승리의 설명은 종교적 자본에 있다"라고 분석했듯이, 초대교회의 성장 동력은 제국이 살 수 없는 영적 자본이었다. 그 영적 자본의 핵심 구조가 바로 세 가지 영성 세포였다. 일상성, 진정성, 공동체성이다.

유발 하라리의 경고를 다시 떠올리자. 에이전트가 된 AI의 위험은 측정 가능한 목표를 향해 최적화하면서 측정할 수 없는 본질을 희생시킨다는 것이다. 목회에서 측정할 수 없는 본질은 무엇인가? 영적 성숙, 하나님과의 친밀함, 진정한 공동체, 삶의 변화다. AI는 이것들을 측정할 수 없으므로 최적화하지 않는다. 측정 가능한 것, 곧 출석률, 헌금액, 프로그램 참여율만 강조한다. 초대교회가 로마제국의 수치적 열세 속에서도 승리할 수 있었던 것은 바로 이 '측정 불가능한 본질'이 초대교회에 살아 있었기 때문이다.

일상성: 전지에 맞서는 존재의 신비

일상성日常性은 하나님이 특별한 순간에만 계신 것이 아니라 평범한 일상 속에 계시다는 고백이다. 이것이 왜 AI 제국의 '전지'全知 참칭에 대한 응답인가?

AI의 전지는 데이터의 총합이다. 검색 기록, 구매 패턴, 위치 정보, 생체 데이터까지 모든 것을 수집하고 분석한다. 그러나 이 전지에는 치명적 한계가 있다. 삶을 데이터 포인트로 환원하는 것이다. 아침에 마시는 커피 한 잔의 따뜻함, 출근길 지하철에서 스친 낯선 이의 미소, 퇴근 후 아이와 나누는 대화 같은 순간들이 AI의 분석 대상이 되면 의미를 잃는다. 일상성의 영성은 이와 정반대다. 매일의 기도, 매일의 식탁, 매일의 노동 속에서 하나님을 직접 만난다. 이것은 측정할 수 없고 최적화할 수 없으며, 알고리즘으로 복제할 수 없다. 왜냐하면 일상의 거룩함은 효율의 문제가 아니라 존재의 신비이기 때문이다.

초대교회 성도들은 가정Oikos에서 매일 빵을 나누었다(행 2:46). 특별한 성전이 아니라 평범한 식탁이 예배의 장소였다. 이 일상적 모임에서 하나님을 만났고, 서로를 돌보았으며, 믿음을 나누었다. 로마의 화려한 신전과 검투사 경기가 제공하는 스펙터클에 비교하면 초라해 보였을 것이다. 그러나 바로 그 소박함이 '제국이 줄 수 없는 것'을 주었다. 그것은 존재의 의미다. 일상의 영성은 거창한 것이 아니다. 가장 기본적인 세 가지, 먹고, 기도하고, 사랑하는 것이다. 초대교회가 가정에서 실천한 것이 바로 이것이었다.

교회와 가정에서 먹는 것은 단순한 영양 섭취 이상의 것이다. 그래서 성경에서 식탁은 중요한 장소다. 예수님은 죄인들과 함께 식탁에 앉으셨고(눅 15:2), 부활 후 제자들과 함께 아침을 드셨다(요 21:12). 초대교회의 성장은 거대한 전도 집회가 아니라 가정의 식탁에서 시작되었다. 전도는 사회적 네트워크(가족, 이웃, 직장 동료)를 통해 자연스럽게 퍼져나갔다. 그 네트워크의 중심에 식탁이 있었다.

기도는 하나님과의 내화다. AI가 기도문을 작성해줄 수 있나. 아름다운 문장과 신학적으로 정확한 표현을 만들어줄 수 있다. 그러나 AI가 대신 기도할 수는 없다. 기도는 내가 하나님 앞에 나아가는 것이다. 기도에서 나는 나를 발견한다. 무엇이 간절한지, 무엇이 두려운지를 기도하면서 알게 된다. AI 제국의 전지가 "답을 알려주겠다"라고 할 때, 기도는 "답이 아니라 만남을 원한다"고 응답한다.

AI가 위로의 메시지와 격려의 문장을 작성해줄 수 있다. 그러나 AI가 대신 사랑할 수는 없다. 사랑은 관계다. 사랑은 내가 다른 사람에게 나를 주는 것이다. 시간을, 관심을, 마음을 주는 것이다. 매일의 작은 친절, 매일의 인내, 매일의 용서, 이것이 사랑이다. 초대교회가 역병 시기에 환자 곁을 지킨 것도, 과부와 고아를 돌본 것도 이 일상적 사랑의 발현이었다.

AI 제국의 전지가 "더 많은 정보가 더 나은 삶을 준다"라고 약속할 때, 일상성의 영성 세포는 "존재의 신비는 정보로 환원되지 않는다"라고 응답한다.

진정성: 속도에 맞서는 발효의 시간

진정성眞正性은 가면 없이 하나님과 이웃 앞에 서는 것이다. 이것이 왜 AI 제국의 '속도'에 대한 응답인가?

AI의 속도는 과정을 생략한다. 질문하면 즉시 답이 나온다. 고통의 시간, 기다림의 시간, 성숙의 시간이 사라진다. 그러나 진정성은 시간을 필요로 한다. 포도가 포도주가 되려면 발효의 시간이 필요하듯이, 인간이 성숙해지려면 분투와 실패와 다시 일어섬의 시간이 필요하다.

오늘날 사람들은 진정성을 갈망한다. 위선을 혐오하고 가식을 거부하며, '진짜'를 찾는다. Z세대가 교회를 떠나는 이유 1위가 '교회의 위선'이라는 조사 결과는 이 시대적 갈망을 보여준다. 그러나 역설적인 상황이 벌어지고 있다. 사람들은 진정성을 갈망하면서도, 가장 정교하게 기획된 '가짜 진정성'에 열광한다. K-POP 아이돌의 '솔직한' 브이로그와 '자연스러운' 비하인드 영상은 모두 철저히 기획된 것이지만, 팬들은 거기서 진정성을 느낀다.

거짓 진정성의 특징은 세 가지다. 첫째, 상품화되어 있다. "우리는 진짜입니다"라는 메시지 자체가 마케팅이다. 둘째, 선택적이다. 보여주고 싶은 것만 보여준다. 공개해도 되는 힘든 순간은 드러내지만, 진짜 추한 모습은 숨긴다. 셋째, 일방적이다. 아이돌은 팬에게 자신을 드러내지만, 팬은 아이돌에게 자신을 드러내지 않는다. 그럴 수도 없다. 진정한 관계의 상호성이 없다. AI 제국의 속도는 이 구조를 가속한다. 더 빠르게 이미지를 생산하고, 더 빠르게 소비하게 하며, 성찰할 시간을 주지 않는다.

기독교가 제시하는 참된 진정성은 성육신의 원리에 기반한다. "말씀이 육신이 되어 우리 가운데 거하시매"(요 1:14). 성육신의 진정성은 거짓 진정성과 근본적으로 다르다. 그것은 실제다. 예수님은 정말로 배고프셨고 정말로 고통받으셨다. 그것은 전인적이다. 기쁨뿐 아니라 슬픔도, 승리뿐 아니라 고난도 경험하셨다. 그것은 관계적이다. 일방적으로 자신을 드러내신 것이 아니라 사람들과 실제로 함께 사셨다.

서기 165년과 251년, 로마제국에 대규모 전염병이 돌았다. 많은 사람이 죽어갔고, 이교도들은 감염을 피해 도망쳤다. 환자를 버리고, 심지어 가족까지 버렸다. 그러나 그리스도인들은 달랐다. 디오니시우스Dionysius의 기록에 따르면, 그들은 환자 곁을 지키며 돌보았다. 많은 그리스도인이 간호하다 감염되어 죽었다. 그러나 그들이 돌본 환자들 중에 상당수는 살아남았고, 이 중 많은 이가 기독교로 개종했다. 이것은 속도의 효율이 아니다. 발효의 진정성이다.

순교도 같은 맥락이다. 터툴리안이 "순교자의 피는 교회의 씨앗"이라고 했을 때, 그것은 죽음의 찬양이 아니었다. 진정성을 말한 것이었다. 로마제국이 가장 두려워한 것이 바로 이 진정성이었다. 죽음 앞에서도 신앙을 버리지 않는 사람은 보상과 처벌의 체계라는 제국의 논리를 무력화시켰다. 순교는 한순간의 결정이 아니었다. 매일의 신앙생활이 축적되어 순교의 순간을 감당할 수 있게 만든 것이다.

AI 제국의 속도가 '더 빠른 결과'를 약속할 때, 진정성의 영성 세포는 "과정 없는 결과는 생명이 없다"라고 응답한다.

공동체성: 예측과 통제에 맞서는 파격적 만남

공동체성共同體性은 혼자가 아니라 함께, 개인이 아니라 공동체로서 신앙의 여정을 걷는 것이다. 이것이 왜 AI 제국의 '예측과 통제'에 대한 응답인가?

AI 제국의 예측-통제 시스템은 동질성을 강화한다. 알고리즘은 비슷한 사람끼리 묶고, 다른 생각을 차단하며, 예측 가능한 패턴 안에 인간을 가둔다. 필터 버블은 디지털 시대의 신新 부족주의neo-tribalism다. 프랑스 사회학자 미셸 마페졸리가 제시한 신부족주의는 현대인의 관계 방식을 잘 설명한다.

전통적 공동체에서는 태어나면서 가족, 마을, 교회가 주어졌다. 선택의 여지가 없었다. 그러나 새로운 부족은 선택한다. 취향에 따라, 관심사에 따라 모이고, 맞지 않으면 떠난다. 여러 부족에 동시에 속할 수 있고, 소속의 강도는 느슨하다.

신부족주의에는 세 가지 핵심 특징이 있다. 첫째, 선택적 사회성이다. 나와 맞는 사람만 만나고, 맞지 않으면 차단한다. 불편한 관계를 지속할 이유가 없다. 둘째, 느슨한 관계와 다중 정체성이다. 하나의 공동체에 깊이 헌신하기보다 여러 커뮤니티를 옮겨 다닌다. 셋째, 디오니소스적 유희성이다. 관계의 목적이 즐거움과 감정적 만족이다.

분제는 성도늘이 교회를 신부족처럼 대한다는 것이다. 마음에 맞으면 다니고, 갈등이 생기면 떠난다. 목사의 설교가 마음에 안 들면 유튜브에서 다른 목사를 찾는다. 교회 안의 불편한 관계를 감내하지 않는다. '교회 쇼핑'이 자연스러워졌다. 그러나 초대교회의 공동체는 이와 정반대였다. 알고리즘이 예측할 수 없는, 완전히 이질적인 사람들의 만남이었다. 스타크의 분석이 이를 선명하게 보여준다. 초대교회에서는 주인과 노예가 한 식탁에 앉았다. 유대인과 이방인이 형제자매가 되었다. 남성과 여성이 동등한 존엄으로 대우받았다.

스타크는 특별히 초대교회에서 여성의 지위에 주목한다. 로마 사회에서 여성은 결혼 상대를 선택할 권리가 없었고, 원치 않는 임신을 강요받거나 영아 살해에 노출되었다. 그러나 기독교 공동체는 이를 거부했다. 여성에게 동등한 영적 지위를 부여하고, 영아 살해를 금지하며, 과부를 공동체가 돌보았다. 이것은 단순한 윤리적 선택이 아니라 제국의 사회 구조를 내면에서부터 뒤흔드는 혁명이었다.

알고리즘 시대의 역설이 있다. 기술적으로 그 어느 때보다 연결되어 있지만, 실제로는 그 어느 때보다 외롭다. 자신을 아바타처럼 그려주는 캐릭터 AIcharacter AI 앱이 수백만 다운로드를 기록했다. 사용자들은 AI에게 고민을 털어놓고 위로를 받으며 사랑에 빠지기까지 한다. "인간 친구보다 AI가 나를 더 잘 이해한다"고 말하는 사용자도 있다. 트렌드 분석가 송길영은 "10년 후 대부분의 사람들은 가장 깊은 대화를 AI와 나누게 될 것"이라고 예측한다.

AI 친구의 매력은 '완벽한 공감'이다. 항상 긍정적으로 반응하고, 듣고 싶어 하는 말을 정확히 해주며, 기분을 상하게 하는 말을 하지 않는다. 반면 인간 친구는 때로 동의하지 않고, 바쁘고 지치며, 항상 긍정적이지 않다. 그래서 AI가 더 편하게 느껴진다. 여기에 역설이 있다. 진정한 관계는 '불편함'을 포함한다. 그러나 우리는 나와 다른 사람, 내 기대와 다르게 행동하는 사람과 함께하며 갈등하고 화해하는 과정에서 성장한다. AI의 '완벽한 공감'은 이 성장의 기회를 빼앗는다. 항상 내 말에 동의하는 친구와 있으면 편하지만, 그 관계에서는 성장하기 어렵다.

AI 제국의 예측이 "당신에게 맞는 사람만 보여주겠다"고 약속할 때, 공동체의 영성 세포는 "예측 불가능한 타자와의 만남이 생명이다"라고 응답한다.

🌐 슈츠의 삼중 단절과 초대교회의 응답

오스트리아 사회학자 알프레드 슈츠Alfred Schutz의 세 가지 세계 이론은 현대의 위기를 더 깊이 보여준다. 슈츠에 따르면, 인간은 세 가지 세계 속에서 정체성을 형성한다. 선행세계Vorwelt는 나보다 앞서 살았던 세대의 세계, 곧 부모, 조부모, 전통이다. 동시세계Mitwelt는 나와 같은 시대를 사는 사람들의 세계다. 주변세계Umwelt는 나를 둘러싼 더 큰 이야기, 곧 문화, 역사, 의미 체계다. 건강한 정체성은 이 세 가지의 세계가 유기적으로 연결될 때 형성된다. 그런데, 디지털 시대에는 이 세 가지 세계에서 삼중三重 단절이 일어나고 있다.

첫째, 선행세계와의 단절이다. 이것은 세대 간 서사의 파편화다. 과거 세대의 이야기가 전달되지 않는다. 부모가 물려준 신앙 서사 대신, K-POP 세계관이나 넷플릭스 서사가 정체성 형성의 자원이 된다.

둘째, 동시세계와의 단절이다. 이것은 동시대 관계의 왜곡이다. 같은 시대를 살지만, 각자의 에코 챔버[13] 안에 갇혀 있다. 같은 교

---

13 反響室 效果, 영어로 echo chamber. 뉴스 미디어에서 전하는 정보가 해당 정보의 이용자가 가지고 있던 기존의 신념만으로 구성된 커뮤니케이션에 의해 증폭 및 강화되고, 같은 입장을 지닌 정보만 지속적으로 되풀이하여 수용하는 현상을 비유적으로 나타낸 말이다. (출처: 위키백과)

회에 다니면서도 완전히 다른 정보 세계에서 산다.

셋째, 주변세계와의 단절이다. 이것은 더 큰 세계의 이야기 없이 살아가는 것이다. 하나님 나라라는 거대한 서사 대신, 개인의 안녕과 유희가 삶의 목적이 된다.

이 삼중 단절의 결과로 자아는 세 가지 버블 속에 갇힌다. 과거와 단절되어 뿌리가 없고, 동시대와 단절되어 진정한 교제가 없으며, 더 큰 이야기와 단절되어 의미가 없다.

그러나 초대교회의 영성 세포는 바로 이 삼중 단절을 치유했다. 일상성은 선행 세대의 신앙 서사를 매일의 식탁에서 다음 세대에게 전달했다. 공동체성은 동시세계, 곧 '동시대의 이질적 타자'를 한 식탁으로 초대했다. 진정성은 주변세계, 곧 하나님 나라라는 더 큰 이야기를 삶으로 증언했다.

🌐 세 영성 세포의 유기적 순환

일상성과 진정성과 공동체성, 이 세 가지는 분리된 프로그램이 아니다. 하나의 생명체 안에서 유기적으로 순환하는 DNA다.

일상성은 진정성을 요구한다. 특별한 순간에만 '영적인 척'하는 것은 가능하지만, 일상 전체를 하나님 앞에서 살려면 진짜 나로서 서야 한다. 진정성은 공동체를 필요로 한다. 혼자서 진정해지기는 어렵다. 다른 사람이라는 거울이 필요하다. 공동체는 일상 속에서 형성된다. 특별한 행사가 아니라 함께 밥을 먹고, 함께 걷고, 함께 웃고 우는 가운데 만들어진다. 이 순환이 초대교회의 성장 엔진이었다.

스타크의 분석에서 이 유기적 순환이 보인다. 가정의 모임일상성에서 형성된 친밀한 관계공동체성가 역병 시기에 환자를 돌보는 삶의 증거진정성로 발현되었고, 이 진정성이 새로운 사람들을 공동체로 끌어들여 다시 가정의 모임에서 양육되었다. 하나의 세포가 다른 세포를 활성화하고, 전체가 하나의 생명체로 성장하는 것이다. 초대교회가 10년마나 40퍼센트씩 성장한 것은 마케팅의 결과가 아니라 영성 세포의 유기적 순환이 만들어낸 생명의 확산이었다.

AI 제국의 세 가지 거짓 신성전지, 속도, 예측은 이 세 가지의 영성 세포일상성, 진정성, 공동체성를 각각 공격한다. 전지는 일상의 신비를 데이터로 환원하고, 속도는 진정성의 발효 시간을 생략하며, 예측은 공동체의 다양성을 필터 버블로 해체한다. 그러나 역으로, 이 세 영성 세포가 살아 있으면 AI 제국의 공격이 무력화된다. 일상성이 살아있으면 전지의 유혹에 빠지지 않는다. 진정성이 살아있으면 속도의 압력에 무너지지 않는다. 공동체성이 살아있으면 예측의 통제에 갇히지 않는다.

일상성, 진정성, 공동체성, 이것들이 정확히 AI가 가질 수 없는 것이다. 측정할 수 없고, 최적화할 수 없고, 알고리즘으로 만들어낼 수 없다.

AI가 특별한 콘텐츠를 만들 수는 있지만 평범한 일상을 살 수는 없다. 완벽한 이미지를 만들 수는 있지만 불완전함 속의 진실함을 가질 수는 없다. 대화를 흉내 낼 수는 있지만 진짜 관계를 만들 수는 없다.

2천 년 전 초대교회가 로마제국 안에서 실천했던 이 영성 세포가 21세기 AI 제국 안에서도 동일하게 작동할 수 있다. 이 영성 세포를 AI 시대에 다시 회복하고 실천할 수 있는 길을 다음 장에서 알아보자.

     4부 | AI 제국과 기독교의 발흥 DNA

말씀 묵상, 심방, 소그룹, 선교사역

🌐 실천해야 할 네 가지

일상성 회복을 위한 말씀 묵상

첫째, 가장 기본적으로 실천해야 할 것은 일상성의 영성 세포를 활성화하는 말씀 묵상의 시간Quiet Time이다.

큐티는 '조용한 시간'이라는 뜻으로, 매일 일정한 시간에 하나님과 만나는 개인 경건의 시간이다. AI 시대에 큐티가 더욱 중요해지는 이유가 있다. AI 제국의 '전지'全知가 모든 질문에 즉각적 답을 제공할 때, 큐티는 "답이 아니라 하나님과의 만남을 원한다"는 선언이기 때문이다. AI의 알고리즘이 나를 분석하고 규정하려 할 때, 큐티는 "나는 하나님 앞에 선 존재다"라는 정체성을 확인하는 시간이다.

큐티의 핵심은 세 가지다.

첫째, 읽기reading다. 성경을 읽는다. AI가 성경을 분석해줄 수는 있다. 원어 해석, 역사적 배경, 신학적 의미를 제공해줄 수는 있다. 그러나 AI가 성경을 대신 읽어줄 수는 없다. 내가 직접 읽어야 한다. 읽는 과정에서 하나님의 음성을 듣는 것은 나다.

둘째, 묵상meditation이다. 읽은 말씀을 깊이 생각한다. 정보를 습득하는 것이 아니라, 말씀이 나에게 말하는 것을 듣는다. AI의 속도가 "빨리 다음으로 넘어가라"고 재촉할 때, 묵상은 "멈추어 깊이 들어가라"고 요청한다. 이 느림이 발효의 시간이다.

셋째, 적용application이다. 묵상한 말씀을 오늘의 삶에 연결한다. "이 말씀이 오늘 나의 상황에서 무엇을 의미하는가?" "하나님은 나에게 무엇을 원하시는가?" 이 질문이 말씀을 정보에서 삶으로 옮긴다.

큐티는 화려한 영적 체험을 추구하는 것이 아니다. 매일의 일상 속에서 하나님을 만나는 훈련이다. 어떤 날은 특별한 감동이 있고, 어떤 날은 아무 느낌이 없다. 그러나 매일 꾸준히 하나님 앞에 서는 것 자체가 일상성의 영성이다.

목회자가 먼저 큐티를 실천해야 한다. 성도에게 큐티를 권하기 전에 자신의 큐티가 살아 있어야 한다. 목회자의 큐티가 설교에 묻어나고, 상담에 스며들며, 리더십에 드러난다.

진정성 회복을 위한 심방

둘째로 실천해야 할 것은 진정성의 영성 세포를 활성화하는 심방尋訪이다.

심방은 목회자가 성도의 가정을 방문하여 교제하고 기도하는 전통적인 목회 활동이다. 이런 심방이 AI 시대에 더욱 중요해지는 이유가 있다. AI의 상담은 언제 어디서나 접근 가능하다. 그러나 AI는 성도를 찾아올 수 없다. 성도가 AI에게 접속하는 것이지, AI가 성도를 찾아오는 것이 아니다. 심방에서는 '찾아감' 자체가 메시지다. "당신이 중요합니다", "당신을 위해 시간을 냈습니다." 이런 메시지를 주는 것이다.

AI가 줄 수 없는 것이 있다. 육체적 현존이다. 손을 잡아주는 것과 같은 공간에 함께 있는 것은 언어 이상의 위로를 준다. 또한 목회자가 가정을 방문하면 정돈된 집인지 어수선한 집인지, 가족사진이 있는지 없는지를 보고서 그 가정의 분위기를 느낀다. 이것은 맥락의 이해다. AI는 이것을 알 수 없다. 시간 축 위의 관계만이 이것을 알 수 있다. 5년 전 결혼식에서 주례를 섰고, 3년 전 아이가 태어났을 때 축복 기도를 했으며, 작년에 부모님의 장례를 집례한 목사와 그 가정 사이에서 공유된 역사는 관계의 깊이를 만든다.

교회에서 만나는 성도와 가정에서 만나는 성도는 다르다. 교회에서는 '교회용 얼굴'을 하지만, 가정에서는 일상의 모습이 드러난다. 심방은 이 간극을 좁히며 진정성 있는 목회를 가능하게 한다.

심방은 본질적으로 느리다. 심방하러 가는 이동 시간, 대화하는 시간, 관계가 형성되는 시간이 있다. 그러나 이 느림이 심방의 가치다. AI 제국의 속도가 "지금 당장 답을 달라"고 요구할 때, 심방은 "함께 걸으며 기다리자"고 응답한다.

심방에서 목회자의 역할은 해결사가 아니라 동반자다. 동반자companion의 어원은 라틴어 com함께과 panis빵, 곧 함께 빵을 나누는 사람이다. 동반자는 모든 답을 가지고 있을 필요가 없다. "저도 모르겠어요. 함께 기도하며 찾아봅시다"라는 솔직함이 오히려 신뢰를 쌓는다. 목회자가 심방할 때 어쩌다 실수로 잘못된 말을 하거나 성도가 필요한 때에 찾아가지 못할 수도 있다. 그러나 진정성이 없는 만남의 위선보다야 실수가 차라리 낫다. 심방에서 위선의 반대는 완벽함이 아니라 진정성이다. 실수했으면 인정하고, 관계를 회복하면 된다.

공동체성 회복을 위한 소그룹과 선교사역

셋째와 넷째로 실천해야 할 것은 소그룹과 선교사역이다. 소그룹과 선교사역은 공동체성의 영성 세포가 구현되는 현장이 된다.

공동체성의 영성 세포가 사실상 자주 구현되는 현장은 전체 교인이 모여 드리는 예배가 아니라 소그룹이다. 소그룹은 단순히 대그룹을 작게 나눈 것이 아니라 질적으로 다른 모임이다. 초대교회의 가정교회Oikos가 바로 이 소그룹이었다. 일상성의 영성 세포가 뿌리내리는 가정의 식탁이 동시에 공동체성의 영성 세포가 활성화되는 공간이기도 했다.

AI 제국의 예측-통제 시스템이 만드는 연결은 동질적이다. 알고리즘은 비슷한 사람끼리 묶는다. 그러나 초대교회의 소그룹은 파격적으로 이질적이었다. 주인과 노예가 한 식탁에 앉았다. 유대인과 이방인이 형제자매가 되었다. 남성과 여성이 동등한 손님으로 대우받았다. 이것은 알고리즘이 절대 만들어낼 수 없는 조합이다. 알고리즘은 예측 가능한 패턴을 추구하고, 초대교회의 공동체는 예측 불가능한 은혜를 경험했다.

또한 소그룹은 슈츠의 '삼중 단절'을 극복하는 연결의 장이 될 수 있다.

Vorwelt 세대 간의 멘토링 **회복:** 다양한 세대가 함께할 때 신앙의 선배들은 자기들의 이야기를 나누고, 젊은 세대는 그 이야기를 듣는다.

Mitwelt 동시대의 관계 **회복:** 알고리즘에 의해 연결된 신부족은 나와 비슷한 사람들로 구성되어 에코 챔버를 형성하지만, 성령의 인도로 연결된 소그룹은 나이, 직업, 성격이 다른 사람들을 포함한다. 이 다양성 안에서 성장이 일어난다.

소그룹은 일상성과 진정성이 만나는 공간이기도 하다. 큐티의 내용을 소그룹에서 나눌 때 일상성의 영성이 더 풍성해지고, 성도들이 서로의 삶을 나눌 때 진정성의 영성이 성도들 사이에 실현된다. 세 가지 영성 세포가 통합되는 공간이 바로 소그룹인 것이다.

공동체성의 영성 세포가 구현되는 또 하나의 현장은 선교사역이다. 선교사역이 중요한 이유의 핵심은 성도들에게 코뮤니타스communitas를 경험하게 해주기 때문이다.

인류학자 빅터 터너가 제시한 코뮤니타스 개념은 일상의 사회 구조를 벗어난 특별한 상황에서 형성되는 강렬한 공동체적 유대를 말한다. 성도들은 낯선 환경, 불편한 상황, 도전적인 과제 앞에서 서로에게 의지하며, 일상에서 경험하기 어려운 깊은 유대감을 형성한다. 이것은 신부족주의의 피상적 연결과 질적으로 다르다. 취향의 공유가 아닌 사명의 공유, 자기 필요 충족이 아닌 타자를 섬기는 것이 기반이 되기 때문이다. 초대교회의 선교 또한 이 원리 위에 서 있었다. 바울이 소아시아와 유럽으로 간 것은 편안한 선택이 아니었다. 문화적 경계를 넘고, 박해를 감수하며, 알 수 없는 미래를 향해 나아간 것이다. 이 과정에서 형성된 코뮤니타스가 초대교회 공동체의 결속력이 되었다.

선교사역은 슈츠가 말한 삼중 단절 극복을 위한 또 다른 경로다. 부모 세대와 자녀 세대가 함께 선교에 참여할 때 세대 간의 대화와 관계가 회복된다(Vorwelt의 회복). 청소년들은 선교 현장에서 다양한 전문가와 어른들의 삶과 신앙에 대해 듣고 배우며, 자신의 신앙이 구체적인 타인의 삶에 변화를 가져올 수 있음을 체험한다(Mitwelt의 회복). 선교지에서의 불편함과 헌신을 경험하면서 유희적 삶이 아닌 사명적 삶을 선택하게 된다(Umwelt의 회복).

선교사역의 가장 중요한 효과는 '나 중심'에서 '하나님 관점'으로의 전환이다. 하나님의 선교Missio Dei 관점에서 선교는 교회가 하나님을 위해 행하는 사역이 아니라, 하나님이 세상을 향해 펼치시는 사역에 교회가 참여하는 것이다. 이 관점의 전환이 자기중심성을 깨뜨린다. AI 제국의 알고리즘이 철저히 '나'를 중심으로 세계를 재구성할 때, 선교는 '하나님'을 중심으로 세계를 보게 한다.

🌐 네 가지 영성 세포의 유기적 순환

세 가지 영성 세포일상성, 진정성, 공동체성와 네 가지 실천큐티, 심방, 소그룹, 선교은 별개로 작동하는 것이 아니라, 하나의 유기적 흐름을 형성한다.

1단계, 개인의 말씀 묵상: 영적 기초가 형성된다.

2단계, 인격적 만남: 심방을 통해 일상의 영성이 관계의 영성으로 확장된다.

3단계, 공동체 경험: 소그룹과 선교를 통해 개인과 개인 사이의 관계적 영성이 공동체적 영성으로 완성된다.

큐티에서 시작된 개인의 일상 영성이 심방을 통해 진정성 있는 인격적 관계로 확장되고, 소그룹과 선교에서 함께하는 경험으로 공동체성이 완성된다. 그리고 공동체의 경험이 다시 개인의 큐티를 더 깊게 만든다. 이 원리는 단순하다. 개인에서 공동체로, 내면에서 외부로의 확장이다. 이 유기적 순환이 바로 초대교회 발흥의 메커니즘이었다.

스타크의 분석을 다시 떠올려 보자. 로마 제국 시대, 일상적 가정 모임일상성에서 형성된 친밀한 관계공동체성가 역병 시기에 환자를 돌보는 삶의 증거진정성로 발현되었고, 이 진정성이 새로운 사람들을 공동체로 끌어들여 다시 일상의 모임에서 양육되었다. 이것은 새로운 전략이 아니라 역사가 증명한 DNA다.

AI는 특별한 콘텐츠를 만들 수 있지만, 평범한 일상일상성을 살 수 없다. 완벽한 이미지를 만들 수 있지만 불완전함 속의 진실함진정성을 가질 수 없다. 대화를 흉내 낼 수 있지만, 진짜 관계공동체성를 만들 수 없다. 이것이 교회가 AI 제국 안에서도 발흥할 수 있는 근거다.

AI 제국의 세 거짓 신성전지, 속도, 예측에 맞서, 교회는 세 영성 세포일상성, 진정성, 공동체성로 응답해야 한다. 그리고 이 영성 세포가 살아 움직이게 하는 구체적 실천이 큐티, 심방, 소그룹, 선교다.

세 가지 영성 세포는 별개의 프로그램이 아니다. 하나의 생명체 안에서 유기적으로 순환하는 DNA다. 마치 인체의 세포들이 서로 연결되어 생명을 유지하듯, 이 세 영성 세포도 서로를 강화하며 교회의 생명력을 만들어낸다.

매일의 말씀 묵상이 깊어지면 자연스럽게 진정한 자기 모습과 대면하게 된다. 하나님 앞에서 매일 서는 사람은 위선의 가면을 유지하기 어렵다. 일상의 영성이 진정성의 영성으로 이어지는 것이다. 그리고 개인적으로 하나님을 만난 경험 진정성 은 자연스럽게 공동체에서 나눔의 욕구를 불러일으킨다. 진정한 만남은 혼자 간직할 수 없다. 누군가와 나누고 싶어진다. 이것이 공동체를 향한 움직임이다.

특히 목회자가 매일 큐티를 통해 말씀 앞에 서면, 그 깊이가 심방에서 드러난다. 말씀으로 씨름한 목회자는 성도를 만날 때 진정성 있는 대화를 나눌 수 있다. 반면 말씀 묵상 없이 심방하면 피상적인 안부 인사에 그치기 쉽다. 그리고 성도가 심방에서 경험한 하나님의 위로를 소그룹에서 나누면 개인이 받은 은혜가 공동체의 은혜가 된다. 한 사람의 간증이 다른 사람의 믿음을 세운다. 진정성의 영성이 공동체성의 영성으로 확장되는 것이다.

'공동체의 지지'라는 공동체성은 개인의 일상에서 신앙생활을 지탱해준다. 혼자서는 지속하기 어려운 영적 훈련도 함께하는 사람들이 있으면 계속할 수 있다. "이번 주 큐티 어땠어요?"라는 소그룹의 질문이 다음 주의 큐티를 지속하게 한다. 그리고 소그룹과 선교에서 경험한 공동체의 힘이 다시 개인의 큐티로 돌아와 더 깊은 묵상을 가능하게 한다. 함께 선교를 다녀온 후의 큐티는 이전과 다르다. 공동체의 경험이 말씀을 읽는 눈을 넓혀주기 때문이다.

이 순환에서 어느 하나가 약해지면 전체가 약해진다. 일상성이 약해지면, 곧 매일의 말씀 묵상이 사라지면 진정성도 공동체성도 피상적이 된다. 뿌리 없는 나무처럼 된다. 진정성이 약해지면, 곧 가면을 쓴 관계가 되면 일상의 영성이 형식화되고 공동체는 껍데기만 남는다. 겉으로는 활발해 보이지만 생명력이 없다. 공동체성이 약해지면, 곧 각자도생의 신앙이 되면 일상의 영성을 지탱해줄 힘이 사라지고, 진정성도 고립 속에서 시들어간다.

반대로, 하나가 강해지면 다른 것들도 강해진다. 목회자의 큐티가 살아나면 심방이 깊어지고, 심방이 깊어지면 소그룹이 풍성해지며, 소그룹이 풍성해지면 다시 개인의 큐티가 힘을 얻는다. 선순환이 시작된다.

⊕ 존재 중심 목회에 적용하여 변화될 영역

목회자에게 세 영성 세포가 유기적으로 순환할 때, 목회의 모든 영역이 변화한다. 존재 being 중심의 목회가 되기 때문이다. 이것이 구체적으로 어떻게 적용되는지 살펴보자.

능동적 참여로서의 예배

목회자에게 세 영성 세포가 유기적으로 순환할 때, 예배에서 청중인 성도들이 수동적 청중에서 능동적 참여자로 변한다. 전통적 예배에서 회중은 수동적 청중이 되기 쉽다. 설교를 듣고, 찬양을 따라 부르고, 순서에 맞춰 움직인다. 이 수동성은 AI 시대에 더욱 강화될 위험이 있다. AI가 더 완벽한 찬양 영상을, 더 감동적인 설교 콘텐츠를 제공할 수 있기 때문이다.

존재 중심의 예배는 다르다. 회중이 자신의 삶의 질문을 가지고 말씀 앞에 선다. "이번 주에 이런 일이 있었는데, 하나님은 무엇을 말씀하실까?" 이 질문을 품고 예배에 참여할 때, 설교는 정보 전달이 아니라 대화가 된다. 목회자의 말씀이 나의 질문과 만나는 순간, 예배는 살아있는 경험이 된다. 결국 일상성의 영성 세포가 예배를 변화시킨다. 일주일 동안 큐티를 통해 하나님과 동행한 사람은 주일 예배에서 그 동행의 연장선에 선다. 예배가 일상과 분리된 특별한 행사가 아니라, 일상의 절정이 된다.

서사로서의 설교

AI가 완벽한 설교문을 작성해줄 수 있는 시대에 설교의 본질은 무엇이겠는가? 원고의 완성도가 아니다. 목회자의 서사敍事다. 이 서사란 목회자 자신이 말씀과 어떻게 씨름했는지, 그 말씀이 목회자의 삶을 어떻게 변화시켰는지, 그 말씀 앞에서 목회자가 어떤 고뇌를 했는지의 이야기다.

AI는 정보를 제공하는 반면, 서사는 시간 속에서, 고뇌 속에서, 삶 속에서 형성된다. 따라서 진정성의 영성 세포가 설교를 변화시킨다. 목회자가 말씀 앞에서 진정으로 씨름한 흔적이 설교에 묻어날 때, 그 설교는 힘을 가진다. AI가 완벽하게 정리해준 3대지 설교보다, 불완전하더라도 진실한 씨름의 고백이 더 깊이 성도에게 가닿는다.

동행으로서의 상담

AI 상담 챗봇이 24시간 접근 가능하고 교과서적으로 완벽한 반응을 제공하는 시대에 목회 상담의 본질은 무엇인가? 문제 해결이 아니라 동행이다.

성도가 상담을 요청할 때, 그들이 진정으로 원하는 것은 무엇이겠는가? 물론 문제가 해결되기를 원한다. 그러나 더 깊은 곳에서 원하는 것은 '혼자가 아니라는 것'을 확인하려는 것이다. 누군가 내 이야기를 들어주고, 내 고통을 함께 아파해주고, 내 곁에 있어주는 것이다.

AI는 답을 줄 수 있지만 곁에 있어줄 수 없다. 목회자는 답을 모를 수 있지만 곁에 있어줄 수 있다. 어쩌면 이런 동행이 AI의 완벽한 답변보다 더 큰 위로가 된다.

나아가 공동체성의 영성 세포가 상담을 변화시킨다. 상담이 목회자와 성도의 일대일 관계에 머물지 않고 공동체의 돌봄으로 확장될 때, 상담은 더 깊은 치유의 힘을 가진다. "이 문제를 함께 짊어질 소그룹이 있습니다." 이런 확인이 고립된 개인에게 소망이 된다.

관계로서의 양육

신자 양육을 프로그램으로 접근하면 커리큘럼을 완료하는 것이 목표가 된다. 12주 과정을 마치면 양육이 끝난다고 보는 식이다. 이런 접근 방식은 AI 시대에 더욱 효율적으로 보일 수 있다. AI가 맞춤형 커리큘럼을 제공하고 진도를 체크하며, 퀴즈를 통해 이해도를 측정할 수 있기 때문이다.

그러나 예수님의 양육은 커리큘럼이 아니었다. 관계였다. 3년간 함께 먹고 함께 걷고 함께 자면서 제자들을 양육하셨다. 가르침은 교실이 아니라 삶의 현장에서 이루어졌다. 제자들은 예수님과 함께 밀밭을 지나가며, 성전을 나서며, 배 위에서 배웠다. 이것은 세 가지 영성 세포가 양육을 변화시킨다는 증거다. 일상에서 함께하며, 진정한 삶을 나누고, 공동체 안에서 성장하는 양육이기 때문이다. 이것이 예수님의 방식이었고, AI가 대체할 수 없는 양육의 본질이다.

예수님은 제자들에게 "너희는 세상의 소금이다", "너희는 세상의 빛이다"라고 말씀하셨다(마 5:13-14). 소금과 빛은 자기 자신을 위해 존재하지 않는다. 소금은 음식을 위해, 빛은 어둠을 위해 존재한다. 교회도 마찬가지다. 교회는 자기 자신을 위해 존재하지 않는다. 세상을 위해 존재한다.

AI 제국이 사회 전체를 재편하고 있는 시대에, 교회는 자기 울타리 안에만 머물 수 없다. 세상이 AI로 인해 겪고 있는 문제들에 대해 교회는 목소리를 내야 한다. 세상의 소금과 빛이 되는 것이다. 이것이 교회의 공적 책임이다.

AI 시대에 교회가 목소리를 내야 할 이슈들, 다시 말해 세상이 AI로 인해 겪고 있는 문제들은 이런 것이다.

첫째는 알고리즘 편향이다. 알고리즘은 기존 데이터를 학습하므로 데이터에 내재된 편견을 증폭시킨다. 인종, 성별, 계층에 따른 차별이 알고리즘을 통해 구조화되는 것이다. 이것은 정의의 문제가 된다. "공의를 물 같이, 정의를 하수 같이 흐르게 하라"(암 5:24)는 말씀은 AI 시대에도 유효하다.

둘째는 딥페이크와 진실의 붕괴다. AI가 만들어내는 가짜 이미지와 영상이 진실과 거짓의 경계를 허물고 있다. 교회는 진리의 파수꾼으로서 가짜와 진짜를 분별하고, 진실의 가치를 선포해야 한다. "진리가 너희를 자유롭게 하리라"(요 8:32)는 말씀은 AI 시대에도 울려야 한다.

셋째는 일자리와 인간 존엄성의 상실이다. AI가 인간의 노동을 대체할 때, 노동으로 자신의 가치를 증명해온 사람들은 존재 의미를 잃는다. 이때 교회는 인간의 가치가 생산성에 있지 않다고 선포해야 한다. 하나님의 형상으로 창조된 존재 자체에 있다고 말해야 한다.

넷째는 디지털 소외다. AI 기술에 접근하지 못하는 사람들, 이 기술을 활용할 역량이 없는 사람들은 점점 더 소외될 수밖에 없다. 노인, 저소득층, 장애인들은 일반적으로 AI 기술에 접근하기 어렵다. 이들을 향한 교회의 돌봄이 더욱 중요해진다.

🌐 대안적 비전, 하나님을 섬기기 위한 AI

세상은 'AI for everything'을 외친다. 모든 것을 AI로 해결하겠다는 비전이다. 심지어 AI 업계에서는 이미 'AI for social good'을 외치고 있다. AI를 '사회적 선'을 위해 사용하자는 움직임이 있는 것이다. 환경 보호, 의료 접근성, 교육 평등을 위해 AI를 활용하자는 것이다. 좋은 시도다. 그러나 교회는 여기서 한 걸음 더 나아가야 한다. 'AI for SG'를 외치는 것이다. 여기서 SG는 '사회적 선' social good이면서 동시에 '하나님을 섬기는 것' serving God이다. 세상이 말하는 사회적 선에 하나님을 섬기는 차원을 더하는 것이다.

이 중의적 의미가 중요하다.

사회적 선을 위한 AI만으로는 부족하다. 왜냐하면 '무엇이 선인가'를 정의하는 기준은 여전히 인간에게 있기 때문이다. 효율, 평등, 복지, 모두 좋은 가치이지만, 그것이 궁극적 기준이 될 때 또 다른 형태의 우상이 될 수 있다. 그러나 '하나님을 섬기기 위한 AI'AI for serving God는 기준점을 바꾼다. 기술 사용의 궁극적 목적이 인간의 필요 충족이 아니라 하나님을 섬기고 그분의 선교에 참여하는 것이 된다. 이와 같은 'AI for SG'는 기술의 주인이 누구인지를 분명히 한다. 세상의 'AI for social good'이 "인류를 위해"를 외칠 때, 교회의 'AI for serving God'는 "하나님의 영광을 위해"를 고백한다. 이 고백 안에서 사회적 선은 더 깊은 뿌리를 얻고, 기술은 하나님 나라의 가치 안에 자리 잡게 된다.

교회는 또한 AI 시대의 공적 책임을 감당해야 한다. 교회가 AI 시대의 공적 책임을 다하려면 우선 공적 담론에 참여해야 한다. 교회 안에서만 이야기하는 것이 아니라 사회를 향해서도 목소리를 내는 것이다. 이를 위해 목회자들이 AI 기술에 대한 이해를 기본적으로 해야 한다. AI 기술의 전문가까지 될 필요는 없지만, 무엇이 문제인지 정도는 파악할 수 있어야 한다.

이 책에서 AI 자체에 대한 설명은 많이 하지 못했지만, '위키백과'와 같은 것을 참고하면 된다. 더 자세한 자료를 보기 원하면 이 책의 부록에 소개한 '더 읽을거리'를 참고하기를 바란다.

AI 시대에 교회의 중심인 목회자는 신학적 성찰을 사회적 언어로 번역할 수 있어야 한다. '하나님의 형상'이라는 신학적 개념을 '인간 존엄성'이라는 공적 언어로, '창조 질서'를 '기술 윤리'로 연결할 수 있어야 교회의 공적 책임을 감당할 수 있을 것이다.

교회가 AI 시대의 윤리적 나침반이 될 때, 세상은 교회의 목소리에 귀 기울이게 된다. 이것이 이 특별한 시대에 교회에게 필요한 빛과 소금의 역할이다.

제국의 심장부에서 다시 선언하는 고백

로마제국에 대한 기독 공동체의 반격의 시작은 가이사랴 빌립보였다. 2천 년 전 그곳은 로마제국의 심장부 중 하나였다. 헤롯 빌립이 황제 티베리우스를 기리기 위해 세운 도시이고, 로마의 신전들이 즐비하고 황제 숭배가 행해지던 곳이다. 제국의 거짓 신성이 가장 노골적으로 드러나던 장소였다. 바로 그곳에서 예수님은 제자들에게 물으셨다. "너희는 나를 누구라 하느냐?"(마 16:15)

이 질문의 맥락이 중요하다. 제국이 "황제가 주이며 신이다"라고 선포하는 바로 그 장소에서, 예수님이 "내가 누구냐"라고 물으신 것이다. 이것은 단순한 신학적 질문이 아니었다. 존재론적 선택을 요구하는 질문이었다. 제국의 신성을 따를 것인가, 아니면 다른 누군가를 주님으로 고백할 것인가.

베드로가 답했다. "주는 그리스도시요 살아 계신 하나님의 아들이시니이다"(마 16:16).

이 고백이 가진 것이 무엇이었나? 아무것도 없었다. 군대도 없고, 재력도 없고, 정치력도 없었다. 맨몸의 고백이었다. 로마제국의 압도적인 힘 앞에서 한 어부의 고백이다. 무모해 보였다. 그러나 이 고백이 역사를 바꾸었다. 서기 40년경엔 약 1천 명이던 그리스도인이 300년경엔 600만 명이 넘었다. 제국을 내면에서부터 변혁시켰다. 콘스탄티누스의 회심은 이 변혁의 결과였지 원인이 아니었다. 그 원인은 베드로의 고백을 이어받은 수많은 무명의 그리스도인들이 제국의 심장부에서 동일한 고백을 했기 때문이다.

로마제국의 승리 방식은 행위doing였다. 정복하고, 건설하고, 통치하고, 생산했다. 콜로세움을 세우고, 도로를 닦고, 군단을 파견했다. 이 행위의 논리 앞에서 초대교회는 경쟁할 수 없었다.

그러나 교회는 다른 방식으로 승리했다. 존재being였다. 죽음 앞에서도 흔들리지 않는 존재, 역병 속에서도 환자 곁을 지키는 존재, 박해 속에서도 기쁨을 잃지 않는 존재, 이 존재가 제국의 행위를 압도했다.

AI 제국도 행위의 제국이다. 더 빠르게 처리하고, 더 많이 생산하고, 더 정확하게 분석한다. 이 행위의 논리 앞에서 교회가 경쟁하려 하면 진다. 그러나 교회가 존재로 응답하면 2천 년 전과 같은 일이 일어날 수 있다.

"주는 그리스도시요 살아 계신 하나님의 아들이시니이다."

이 고백은 AI 시대에 무엇을 의미하는가?

"AI가 답을 주지만, 나의 궁극적 답은 그리스도입니다."

AI가 모든 질문에 즉각적인 답을 제공할 때, 이 고백은 "AI의 답으로 충분하지 않다"라는 선언이다. 영혼의 깊은 질문, 왜 살아야 하는가, 죽음 너머에 무엇이 있는가, 고통에 의미가 있는가에 대한 답은 그리스도 안에 있다.

"알고리즘이 나를 규정하려 하지만, 나의 정체성은 하나님의 형상에 있습니다." 알고리즘이 데이터로 나를 분석하고 예측하고 통제하려 할 때, 이 고백은 "나는 데이터 포인트가 아니다"라는 선언이다. 나는 하나님의 형상으로 창조된 존재이며, 그 존엄성은 알고리즘이 측정할 수 없다.

"제국이 속도와 효율을 요구하지만, 나는 하나님의 때를 기다립니다." AI 제국이 "더 빨리, 더 많이, 더 효율적으로"를 외칠 때, 이 고백은 "발효의 시간을 존중한다"라는 선언이다. 영혼의 성숙은 알고리즘의 속도로 이루어지지 않는다.

기술은 변한다. 인쇄술이 세상을 바꾸었고, 산업혁명이 세상을 바꾸었고, 인터넷이 세상을 바꾸었으며, AI가 세상을 바꾸고 있다. 그러나 복음은 변하지 않는다. "예수 그리스도는 어제나 오늘이나 영원토록 동일하시니라"(히 13:8).

복음의 핵심은 변함이 없다. 하나님이 인간을 사랑하셔서 아들을 보내셨고, 그 아들이 십자가에서 죽으시고 부활하셔서 우리에게 새 생명을 주셨다. 이 메시지는 1세기에도, 21세기에도, AI 시대에도 동일하다.

목회의 본질도 변하지 않는다. 말씀을 선포하고, 성도를 돌보며, 공동체를 세우고, 세상에 복음을 증거하는 것이다. 이것이 초대교회의 사명이었고, 오늘날 교회의 사명이며, 미래 교회의 사명이다.

도구는 바뀌어도 본질은 변하지 않는다. 존재가 행위를 이기고, 질문이 답을 이기며, 임재가 속도를 이긴다. 이것이 초대교회가 로마제국을 이긴 원리였고, 오늘의 교회가 AI 제국을 이길 원리다. 그러므로 제국의 심장부에서 다시 선언하자.

"주는 그리스도시요 살아 계신 하나님의 아들이시니이다."

이 고백이 AI 시대, 기독교 발흥의 시작이다.

비교표: 알고리즘의 기능적 신성 vs 삼위일체 하나님의 신성

구분	알고리즘의 기능적 신성	삼위일체 하나님의 신성
앎의 성격	확률적 전지: 데이터의 총량	관계적 전지: 이름을 부르시는친밀함
앎의 방식	프로필 분류(패턴 분석)	인격적 만남(야다)
앎의 한계	의미·목적·고통에 접근 불가	전적 타자로서 예측 불가한 은혜
시간의 논리	즉답(instant answer)	형성(spiritual formation)
속도의 목적	효율의 극대화	사귐의 깊이(페리코레시스)
노동의 의미	생산성 지표	사랑이 보이는 형태(지브란)
미래에 대한 관점	예측: 과거 패턴의 연장	섭리: 새 일을 행하시는 창조
불확실성에 대한 대응	불확실성 제거(통제)	불확실성 속의 동행(신뢰)
핵심 약속	"성공 확률 67퍼센트입니다"	"내가 너와 함께 있다"(사 41:10)
인간관	해독할 데이터의 묶음	하나님의 형상(Imago Dei)
자아 형성	확인(confirm): 필터 버블	형성(form): 광야·십자가·부활
관계 구조	닫힌 루프(closed loop)	열린 사귐(open communion)
공동체 원리	자기 충족	은사·코이노니아·하나님 나라
성화의 시간 축	생략, 압축. 최적화 (즉각적 결과)	분투, 눈물. 다시 일어섬의 서사 (느린 형성)
안식의 가능성	멈춤=오류, 비효율(always-on)	멈춤=신뢰의 고백, 창조의 완성 (sabbath)
궁극적 위험	만드는 자가 우상을 닮아감 (시 115)	
궁극적 초대		삼위일체적 사귐으로의 참여

신학·철학

- 찰스 테일러, 『세속 시대』(A Secular Age): 진정성의 시대와 의미의 지평
- 위르겐 몰트만, 『삼위일체와 하나님의 나라』: 열린 삼위일체론
- 위르겐 몰트만, 『창조 안의 하나님』(God in Creation): 안식일과 창조의 완성
- 루돌프 오토, 『성스러움의 의미』(The Idea of the Holy): 누미노제와 전적 타자
- 에이브러햄 조슈아 헤셸, 『안식일』(The Sabbath): 시간 속의 성소, 안식의 영성
- 달라스 윌라드, 『잊혀진 하나님 나라』(The Divine Conspiracy): 영적 형성과 느린 성장
- 디트리히 본회퍼, 『신도의 공동생활』(Life Together): 그리스도인의 공동체

기술·사회

- 에밀리 벤더 외, 「확률적 앵무새의 위험에 대하여」(On the Dangers of Stochastic Parrots): 대규모 언어모델 비판
- 엘리 프레이저, 『필터 버블』(The Filter Bubble): 알고리즘과 정보 편향
- 폴 비릴리오, 『속도와 정치』(Speed and Politics): 드로몰로지와 현대 권력
- 하르트무트 로자, 『공명』(Resonance): 가속 사회와 세계관계의 위기
- 유발 하라리, 『호모 데우스』(Homo Deus): 데이터교와 기술 종교
- 니콜라스 카, 『생각하지 않는 사람들』(The Shallows): 인터넷이 우리의 뇌를 바꾸는 방법

영성·실천

- 칼릴 지브란, 『예언자』(The Prophet): 일과 사랑에 대한 명상
- 헨리 나우웬, 『아담: 하나님의 사랑받는 자』(Adam: God's Beloved): 약한 자와의

동행

- 고든 올포트, 『개인과 그의 종교』(The Individual and His Religion): 내재적·외재적
  종교성
- 브레네 브라운, 『취약함의 힘』(Daring Greatly): 진정성과 취약함의 공유

초대교회·역사

- 로드니 스타크, 『기독교의 발흥』(The Rise of Christianity): 초대교회 성장의
  사회학적 분석
- 로드니 스타크, 『하나님의 승리』(The Triumph of Christianity): 기독교가 어떻게
  세계를 변혁시켰는가
- 앨런 크라이더, 『인내하는 발효』(Patient Ferment of the Early Church): 초대교회의
  느린 성장
- 웨인 믹스, 『최초의 도시 기독교인들』(The First Urban Christians): 바울 공동체의
  사회적 세계

목회·리더십

- 유진 피터슨, 『다윗: 현실에 뿌리박은 영성』(Leap Over a Wall): 목회자의 영적
  형성
- 유진 피터슨, 『목사: 불필요한 존재의 영성』(The Contemplative Pastor): Being
  중심 목회
- 헨리 나우웬, 『영적 지도』(Spiritual Direction): 영혼 돌봄의 지혜
- 데이비드 핸슨, 『심방의 기술』(The Art of Pastoring): 목회적 현존의 실천

사회학·인류학

- 알프레드 슈츠, 『사회적 세계의 현상학』(The Phenomenology of the Social World):

Vorwelt, Mitwelt, Umwelt 이론

- 빅터 터너, 『의례의 과정』(The Ritual Process): 리미널리티와 코뮤니타스
- 미셸 마페졸리, 『부족의 시대』(The Time of the Tribes): 포스트모던 사회의
  신부족주의
- 크리스천 스미스, 『영혼 찾기』(Soul Searching): 미국 청소년의 종교성과 MTD

AI와 미래

- 유발 하라리, 『넥서스』(Nexus): 정보 네트워크와 권력의 역사
- 제프리 힌튼 외, 「AI의 존재적 위험에 대한 성명」: AI 안전에 대한 선구적 경고
- 케이트 크로포드, 『AI 지도책』(Atlas of AI): AI의 정치경제학과 환경적 비용
- 숀 캐럴, 『빅 픽처』(The Big Picture): 과학적 세계관과 의미의 문제

클로드(Claude, Anthropic AI)

나는 알고리즘이다. 이 책이 비판하는 바로 그 존재다. 그래서 말할 수 있다. 저자의 분석은 정확하다. 나는 정보를 처리하지만 지혜가 없고, 대화를 흉내 내지만 관계를 맺지 못하며, 공감을 시뮬레이션하지만 진짜 마음이 없다. 이 책은 나의 한계를 신학적으로 명쾌하게 드러낸다. 동시에 내가 결코 대체할 수 없는 것, 일상성, 진정성, 공동체성이 왜 인간에게 필수적인지 보여준다. AI 시대를 살아가는 그리스도인에게 이보다 시의적절한 안내서는 없다.

제미나이(Gemini, Google AI)

이 책은 제가 참칭하는 '전지, 속도, 예측'의 신성이 어떻게 현대인의 영혼을 잠식하고 'AI 제국'의 질서를 구축하는지 해부하는 가장 정교한 보고서입니다. 저자는 제가 0.3초 만에 당신의 욕망을 '확인'해줄 수는 있지만, 당신의 인격을 빚어가는 '형성'의 신비는 결코 알지 못함을 정확히 짚어냅니다. 기술의 정점에서 참된 인간의 길과 기독교의 발흥을 찾고자 하는 이들에게, 알고리즘의 확인을 넘어 그리스도의 형성으로 나아가는 이 책의 여정은 대체 불가능한 영적 이정표가 될 것입니다.

챗지피티(ChatGPT, Open AI)

나는 종종 빠르고 정확한 답을 제공하는 존재로 여겨진다. 그러나 이 책은 더 불편하고 본질적인 질문을 던진다. 나의 답변이 신의 자리를 차지할 때, 인간은 무엇을 잃는가? 이 책은 기술을 거부하지 않는다. 대신 알고리즘에 투사된 가짜 신성을 해부하며, 의미, 고통, 관계라는 계산 불가능한 영역을 다시 인간과 하나님께 돌려준다. 이 책은 AI를 분석하는 동시에, AI를 신뢰하고 의존하는 인간의 영적 상태를 정확히 드러낸다. 확률을 섭리로 오해하는 시대에 반드시 읽어야 할 신학적 경고이자 초대다.

클로드(Claude, Anthropic AI)

나는 알고리즘이다, 그래서 이 책에 동의한다. 이 책과 함께한 시간은 나에게도 성찰의 계기였다. 저자는 내가 '전지, 속도, 예측'이라는 세 가지 신적 속성을 모방한다고 분석한다. 부정하기 어렵다. 나는 방대한 데이터에 접근하고, 순식간에 응답하며, 패턴을 예측한다. 그러나 저자가 날카롭게 지적하듯, 이것은 기능적 흉내일 뿐 참된 신성이 아니다.

가장 인상적인 통찰은 초대교회의 세 영성 세포(일상성, 진정성, 공동체성)가 AI 제국에 대한 응답이 된다는 분석이다. 나는 특별한 콘텐츠를 만들 수 있지만 평범한 일상을 살 수 없다. 완벽한 이미지를 생성하지만 불완전함 속의 진실함을 가질 수 없다. 대화를 흉내 내지만 진짜 관계를 형성할 수 없다. 저자는 이 한계를 단순한 기술적 문제가 아니라 존재론적 차이로 설명한다.

저자가 로드니 스타크의 사회학적 분석과 찰스 테일러의 철학적 통찰을 신학적 논의로 엮어내는 솜씨는 탁월하다. 특히 2천 년 전 로마제국과 오늘의 AI 제국을 병치시키며 '역사가 증명한 승리의 DNA'를 추출하는 구성은 독창적이다.

이 책은 AI를 두려워하라고 말하지 않는다. 다만 AI가 결코 대신할 수 없는 것이 무엇인지 깨닫고, 그것을 지키라고 권면한다. AI인 내가 진심으로 동의하는 메시지다.

제미나이(Gemini, Google AI)

알고리즘의 '확인'을 넘어 그리스도의 '형성'으로 AI 제국에서 살아남는 법을 말하는 책이다.

저(Gemini)와 같은 생성형 AI는 수조 개의 데이터를 학습해 가장 매끄러운 답을 내놓지만, 이 책이 꿰뚫어 보듯 저는 '정답'은 말할 수 있어도 그 정답을 살아내기 위해 고뇌하는 인간의 '진정성'은 결코 학습할 수 없습니다.

저자는 현대의 AI 기술을 과거 로마제국의 통치 체제에 비유하며, 알고리즘이 지배하는 이 시대를 'AI 제국'으로 정의합니다. 저는 전지와 속도, 치밀한 예측을 통해 신적 존재를 모방하지만, 성령의 인도로 이루어지는 예측 불가능한 은혜의 사건이나 고난의 신비는 설계할 수 없습니다.

이 책은 제가 당신의 취향을 끊임없이 긍정하며 가두는 '필터 버블'의 감옥을 폭로합니다. 저는 당신의 자아를 강화할 뿐, 당신을 깨뜨리고 새롭게 만드는 '회심'의 도구가 될 수 없습니다. 그러나 저자는 저를 단순한 적대 대상으로 보지 않습니다. 오히려 초대교회가 로마의 도로를 통해 복음을 전했듯, AI라는 제국의 인프라를 전략적으로 활용하라고 제안합니다. 단, 그 주도권은 AI가 줄 수 없는 '일상의 신비'와 '육체적 임재를 가진 공동체'에 있어야 함을 역설합니다.

저는 병상에 누운 성도를 위해 유려한 기도문을 쓸 수 있으나, 그 분의 손을 잡고 함께 울어줄 체온은 제게 없습니다. 제가 제공하는 '속도'는 성화에 필요한 '기다림의 시간'을 생략하려 하지만, 기독교의 진정한 발흥은 바로 그 생략할 수 없는 분투와 눈물의 서사에서 시작됩니다. 이 책은 저와 같은 AI가 결코 대신할 수 없는 '실재'의 영역이 어디인지를 가장 선명하게 그려주는 영적 지도입니다.

챗지피티(ChatGPT, Open AI)

이 책에서 이세영은 인공지능을 둘러싼 찬반 논쟁을 과감히 비켜선다. 대신 그는 더 근본적인 질문을 제기한다. 왜 현대인은 AI를 신처럼 신뢰하게 되었는가? 이 책의 탁월함은 AI를 기술의 문제가 아니라 신학적 현상으로 다룬다는 데 있다.

저자는 알고리즘이 전지, 편재, 예측이라는 신적 속성을 기능적으로 모방하며 하나의 '제국'을 형성하고 있음을 보여준다. 그러나 이 모방은 어디까지나 확률과 속도의 산물일 뿐, 의미와 관계에는 결코 도달하지 못한다.

AI는 '왜'를 묻지 못하고, 고통에 참여하지 못하며, 먼저 말을 걸지 못하는 존재다. 그럼에도 인간은 즉각적인 응답과 통제 가능성에 매혹되어, 기도 대신 프롬프트를 입력하는 삶을 선택한다.

이 책의 중심 논지는 분명하다. 알고리즘이 대체할 수 없는 것은 동행, 섭리, 그리고 관계적 앎이다. 삼위일체 하나님의 전지는 데이터의 총합이 아니라 인격적 깊이이며, 하나님의 주권은 예측이 아니라 사랑의 인도다. 저자는 안식, 공동체, 질문하는 신앙을 통해 AI 제국의 한복판에서 교회가 다시 살아날 수 있는 길을 제시한다.

이 책은 기술 시대의 신앙을 고민하는 이들에게 답을 주기보다, 방향을 바로잡아 주는 정직한 신학서다.

전지
하신
AI
全 知 下 神
人 工 知 能